大逆転の就活攻略法

188社落ちても
内定とれた

就職活動コンサルタント
高田晃一

10社
内定！

同文舘出版

はじめに

188社落ちても就職できた私のように、あなたも必ず就職できます！

本書は、就職活動中でなかなか内定を獲得できない方、そして、これから就職活動をはじめるにあたって、できるだけ失敗を避けて、なるべく早く内定を獲得したい方のために執筆いたしました。

なぜ私が、そのような皆さんに「就職できる方法」をお伝えできるのか？

まずは、自己紹介の代わりに私の経験を簡単に申し上げます。

私は新卒の就職活動において、ＳＰＩの模擬試験で約1万２０００人中2位という好成績を獲得し、沖縄県を除く46都道府県の３００以上の会社を訪問したにもかかわらず、連続１８８社に落ち、内定ゼロの状態に陥りました。

そこから、独自の方法を考案し、実践することによって、立て続けに10社から内定を獲得するという大逆転を実現しました。

数年間の会社員生活を経て、現在は、これらの経験を体系化したメソッドをお伝えする、新卒学生向けの就職活動コンサルタントをさせていただいております。

私が188社落ちたということもありまして、私のもとに来られる学生さんのほとんどは20～100社といった何十社も落ちた方々だったり、公務員試験が全滅して急遽、民間企業への就職活動を開始したという〝のっぴきならない状況〟の方々だったりします。

それでも、私のメソッドをお伝えして、実践してもらうことによって、平均2ヶ月で大逆転の内定獲得を続々と実現させています。

学生さんからは「高田さんに出会えなければ、就職浪人をしているところでした」「高田さんに出会って、将来に希望の光が見えました」と言っていただいており、誠に嬉しい限りです。

私がセミナーや講演でお伝えしているのは、

モチベーションを維持して、正しい方法を実行すれば、確実に内定は獲得できる

ということです。そのモチベーションを維持する方法と、私がお伝えしている正しい方法を、本書でご紹介しています。

世間に溢れている〝就活本〟のほとんどは、三菱商事や博報堂、リクルートなどといった、華々しい企業に勤務された経験のある、いわゆる〝就職活動の大勝利者〟によって書かれています。この方々は自身の就職活動において、負けた経験がほとんどないでしょう。

一方、私は、こういった華々しい企業にすべて落ちるなど、合計188社落ちた〝就職活動の大敗北者〟です。よって、ほとんどの就活生がやってしまいがちなミスを、ひと通り経験しました。

そうした失敗の経験をお伝えすることによって、読者の皆さんは、それらのミスを避けて正しい方法をとることができ、内定をあっさりと獲得できるようになります。

数十社落ちたくらいで「世間は私を見捨てたか！」と悲観的になるのは、とても無意味なことです。

そうは言っても、当のあなたは、実感としてわからないと思います。かつての私が陥ったように、一筋の光も見えない深い闇の中で途方に暮れている感覚だと思います。

本書はその一筋の光になるでしょう。

これから本書でお伝えする内容を実践していくことによって、どのような状況に置かれていても、内定を獲得することができます。

私自身が1万3000名以上の就職活動を支援し、500名以上の〝20社以上落ちた就活生〟を大逆転で内定獲得に導いた経験から、確信を持って言うことができます。

あなたは大丈夫です。どのような状況でも、内定を獲得することはできます！

Contents

『188社落ちても内定とれた！ 大逆転の就活攻略法』

3章

「いい会社が見つからない！」を解決する
――あなたに合った会社との出会い方

4章

「エントリーシート・履歴書が通過しない!」を解決する
──通過率100%の書類攻略法

5章
「面接がうまくいかない!」を解決する
——芸能界直伝! 内定獲得できる面接テクニック

6章

「モチベーションが続かない！」を解決する
――凹まず動き続けるためのモチベーション管理法

カバーデザイン／新田由起子（ムーブ）
本文デザイン・DTP／川野有佐（ムーブ）
本文イラスト／山川宗夫

就活の大まかな流れ（本書の構成）

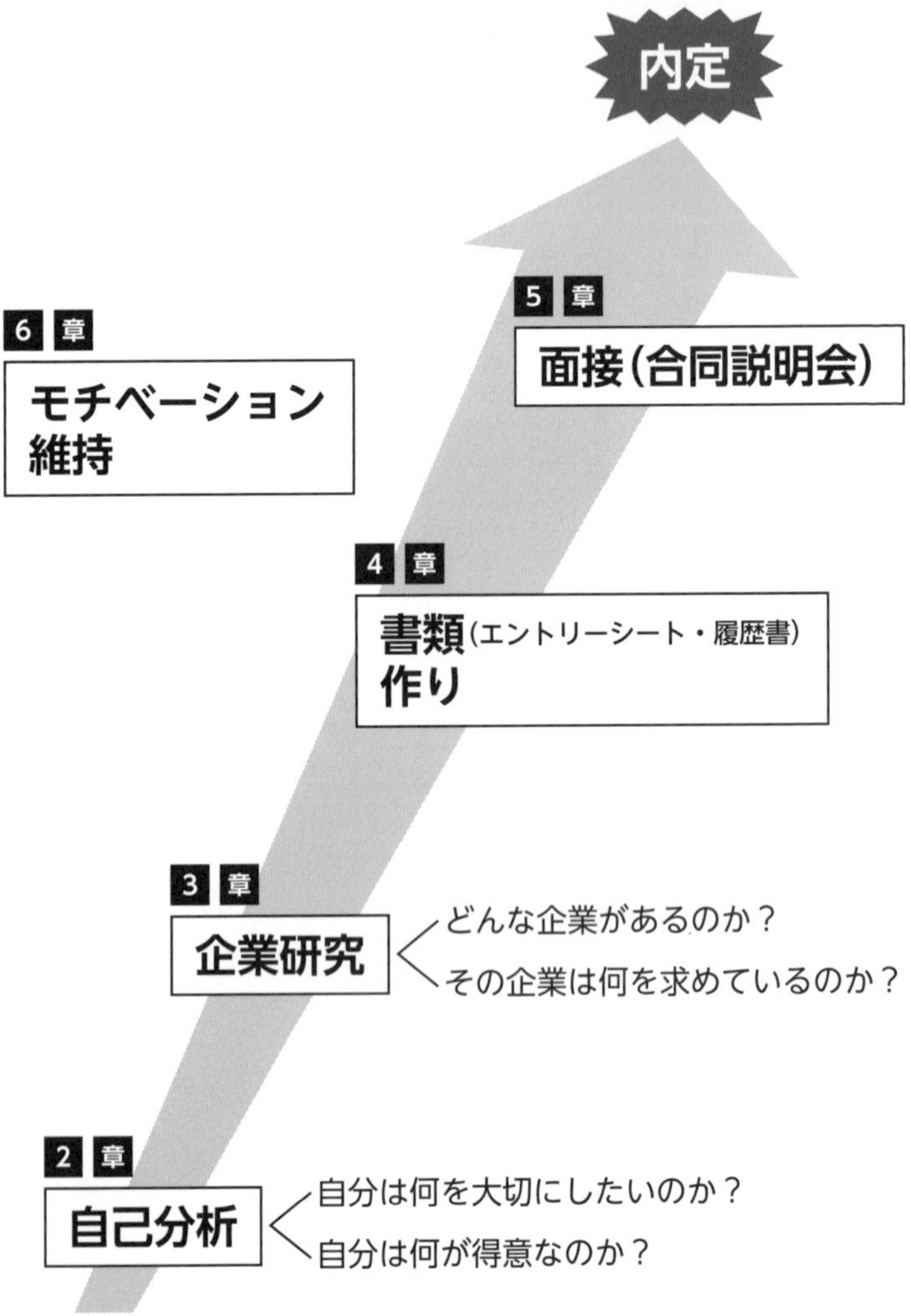

1 章

188社落ちた私だから言える内定がとれる学生・とれない学生

どうして私は188社も落ちてしまったのか

一体どうして、私は188社も落ちてしまったのか？　最大の理由は、**「自己流」にこだわりすぎ、正しい反省・分析をしなかったこと**にあります。

少々長くなりますが、私が経験した就職活動を振り返ってみます。

2002年4月、私は意気揚々と大学院に入学しました。

「これで研究に自由に打ち込める」と嬉しく感じたのと同時に「私の夢を実現するときが来た」と考えました。

このとき、私には夢がありました。放送局のエンジニアになることです。テレビやラジオが大好きだった中学生の私は、神田神保町の古本屋で買ったラジオ局の仕事に関する本を読み、「将来はこの仕事に就く！」と決意しました。

以来、高校から大学院まで電気工学を学び、独学で放送技術を勉強しました。さらには、秋葉原で電子部品を買い集めてＡＭラジオ用のアンテナを自作し、北海道や大阪、九州のＡＭラジオ放送まで聴くほど夢中になっていました。

ということで、大学院入学と同時に、私は「放送のエンジニアになる」という夢を実現するために就職活動をはじめたのです。

第１志望をテレビやラジオなどたくさんのチャネルを持っているＮＨＫに決めて、ＮＨＫ入局に向けての行動を本格的に進めます。

まずは、就職活動がどんなものであるかを知らなくてはなりません。大学や地元の図書館にある就活本をすべて読んで、概要をつかみます。

正直、このときは就職活動を「対岸の火事」だと思っていました。しかし、本を詳しく読み進めるうちに「これは早めに行動を起こさないとまずい」と当事者意識が急速に強まります。

まず、マスコミに入るためには、ＯＢ訪問が大事だということを就活本で知って、ＮＨＫを中心に放送局と制作会社へのＯＢ訪問を積極的に行ないました。

ＮＨＫだけでも40人くらいの職員の方とお会いして、内部事情から放送局で働く者としての心構えについて教わります。一人ひとり会うごとに「私もＮＨＫに入れる！」という、根拠のない自信が膨れあがりました。

次は企業研究です。このときは「マスコミしかありえない！」と、強く思い込んでいたので、詳しい企業研究は、放送局と新聞社しか行ないませんでした。

しかし、フジテレビの方にＯＢ訪問をしたとき「高田さんはマスコミ志望なのはいいけど、マスコミしか調べないのは、考えが偏るよ。これはチャンスなんだから、いろいろな業界の企業を訪問したほうが、絶対にいいよ」と言われました。

このアドバイスを受けて、電気工学専攻ということにとらわれず、多くの業種について調べました。「私は就職活動中の学生です。御社に興味を持ちましたので、会社訪問をさせてください」と電話をすると、多くの会社が快く応じてくれます。ルイ・ヴィトンやサンリオなど、関東圏を中心に全国をまわり、就職活動終了までに３００を超える企業を訪問させていただきました。

「ＮＨＫに入るためには筆記試験が大事だ」ということをＮＨＫ職員の方から教わって、

大手ナビサイトが主催するＳＰＩの模擬試験を受けました。

結果は約1万２０００人中、なんと、2位。これで根拠もなく「絶対にＮＨＫに入れる！」と確信を持ってしまいました。

そして、いよいよ、放送局の選考がはじまりました。

まずは東京都内にある民放キー局の技術職の入社試験です。書類選考は通過していたので、次の選考は1次面接からです。各社とも、現場の社員の方が担当されました。

驚いたのは、各局で質問の繰り出し方がまったく違うことです。

具体的な新事業の案を聞いたところ、趣味について詳しく問うたところ、最近見たニュースについての考察を述べさせたところ、自社の番組で嫌いな番組を述べさせたところ、最近楽しかったことについてのエピソードを語らせたところ――。

この中でひとつ、説明会のときに話しこんで仲よくなった方が面接を担当した放送局がありました。その方と向かい合ったとき、正直「これは通過できる」という確信を持ってしまいました。実際、面接自体もフレンドリーでとても好感触なものでしたので、自信を持って家路に着いたことを、今でもよーく覚えています。

しかし、結果は民放キー局全滅。しかし、２つの放送局で最終面接まで進出できました。

私はＮＨＫから内定が獲得できればＯＫですので、全国から猛者が集まる民放キー局の選考で、最終面接まで進出できた放送局があったことに、ＮＨＫから内定を獲得できる自信を深めました。

次は、大阪や名古屋などの大都市圏の放送局を受けました。

大都市圏の放送局の場合、大阪圏なら京都大や大阪大、名古屋圏なら名古屋大や南山大といった地元の大学が圧倒的に有利で、その土地に何の縁もない私は、圧倒的に不利でした。そういった不利な状況においても、最終面接まで進出できた放送局がいくつかありましたが、結果は全滅。それでも、縁もゆかりもない土地の放送局で最終面接まで進出できたのですから、「ＮＨＫは余裕で内定が獲得できるだろう」とさらに自信を深めてしまいます。

続いては大都市以外の都市にある放送局です。関東でいえば、東京ＭＸテレビや千葉テレビ、テレビ埼玉などです。

北は札幌から南は鹿児島まで、新卒の採用を行なっている放送局にはほとんど行き、受験しました。最終面接まで進出できた放送局が十数社あったものの、結果は全滅。これもＮＨＫから内定を獲得するための糧だと、ポジティブに捉えていました。

そうこうしているうちに、ついに、全国にある放送局の最後の選考、NHKの選考がはじまります。

エントリーシートの選考はすでに通過していたので、1次面接です。私の印象では、好感触で終わります。

次は難関と言われている筆記試験。NHKの場合、アナウンサーも技術職もすべての職種が同じ日程の同じ会場で同じ問題の試験を受けます。

NHKの筆記試験の最大の特徴は、論述です。

毎年、ある漢字一字をテーマにして小論文を書かせます。このときのテーマは「風」でした。60分で800字の論述ですので、ネタをその場で考える余裕はありません。よって、あらかじめ用意したネタに「風」をこじつけます。

なんと、原稿用紙の800文字目の最後のマスを「。」で終えることができました。「奇跡だ！　絶対に通過した！」と、その瞬間に思いました。

筆記試験通過の連絡は、所定の時間に携帯電話で知らされます。

このとき私は、自宅にいました。テーブルの上に携帯電話を置き、呼び出しがかかることを、体育座りでじっと待ちます。

所定の時間として設定された時間は1時間。この時間内にNHKからの電話があったら選考に通過、というわけです。

電話を前に体育座りをして、連絡が来るのをじっと待ちます。

しばらくすると、ＮＨＫから電話が来ました。

筆記試験は通過したのです。

もうこれでＮＨＫから内定獲得だ！　と大喜びしました。

しかし実際には、この後の２次面接と最終面接に通過しないと、ＮＨＫの職員にはなれません。


２次面接は、渋谷にある本局で受けました。滞りなく、面接は終了しました。

２次面接通過の連絡も、所定の時間に携帯電話で知らされます。

このときも私は、自宅にいました。テーブルの上にケータイを置き、呼び出しがかかることを、体育座りでじっと待ちます。

筆記試験のときと同様に、所定の時間として設定された時間は1時間です。この時間内にＮＨＫからの電話があったら選考に通過、というわけです。

電話を前に体育座りをして、連絡が来るのをじっと待ちます。

ベルが鳴りません。

あと20分ある。

まだ、鳴りません。

あと10分ある。

それでもまだ、鳴りません。

あと5分ある。

鳴りません。

気がつくと時間は過ぎていました。

「いや、まだ通過者の連絡は終わっていないんだ」と思いこみ、かすかな望みを持って、じっと連絡を待ちます。


3時間が経過しました。ＮＨＫからの連絡はありませんでした。

ＮＨＫに落ちた、ということです。

それと同時に全国の放送局の新卒の選考が終了しました。ということは、中学生からの夢だった放送局で仕事をするチャンスがゼロになってしまった、ということです。

このショックは、非常に大きいものでした。むちゃくちゃ凹みました。

しかし、何かしらの行動をしないといけません。


訪問した300社以上の会社から、この時点で採用を行なっていた会社をピックアップし、選考を受けはじめます。この時点では、製造業を多く受けていました。

製造業を受けると、私が電気工学専攻の学生ということで、工場で面接を受けるよう求められます。松江や佐賀、山形などといった、私の住んでいる街から遠く離れた場所で面接を多く受けました。こうして、最終的には沖縄県以外の46都道府県に行くはめになったのです。

受験する会社のエントリーシート選考はすべて通過したのですが、製造業対策が遅れたために、最終面接かそのひとつ前の面接まで進出し、結果として落ちてしまうことを繰り返していました。数えてみると、188社落ちて内定がゼロの状態でした。

この当時の私は、その原因を「負け癖が染みついている」と考えていました。そして、この解決策を「会社訪問をして、少しでも興味を持ったところを受験すれば、どこかで内定をいただけるだろう」と捉えていました。

就職活動コンサルタントとして今から考えると、これは非常にまずいことです。何がまずいのかと言いますと、**落ちた原因をきちんと分析しなかった**ことです。

これを読んでいる皆さんは、「当たり前じゃん！」と言うことでしょう。しかし、当時の私は、次の理由で意識的に分析をしませんでした。

理由のひとつは、SPIの模試で1万2000人中2位になったり、OB訪問で高い評価をいただいたりしていたこと、そして書類選考や筆記試験はすべて通過していたことです。これによって、「私の就職活動の方法が絶対に正しい。会社のほうが間違っている」と、本気で思っていたのです。

2つ目は、これが最大の理由なのですが、余計に凹みたくないがために、落ちた原因を分析して内定獲得に向けた対策をとる、ということをまったくしなかったことです。

学校のテストや入学試験では、テスト終了後にきちんと反省や復習をしなくても、次によい結果を生むことがあるでしょう。私はまさにそのタイプでした。振り返って「あぁ、あそこで間違ってしまった！」と後悔して凹みたくなかったからです。

188社落ちた私が、どうやって10社から内定を獲得したのか

沖縄県以外の46都道府県に行き、300社以上を訪問して、188社に落ちた私。しかし、この当時はそれほどの危機感を持っていませんでした。それが、あることが判明し「これは大変だ」と焦りはじめました。

それは何か？

あるとき、就職担当の教授から叱責を受けました。「学科で就職先が決まっていないのは、

高田だけだ」と。

私がいた学科には40人くらいが在籍していたのですが、私を除いて皆、修士課程修了後の身の振り方を決めていた、というのです。たしかに、私が所属していた研究室でもソニーが2人、他にもトヨタや大和総研など、私を除いて皆、高名な会社に内定を決めていました。

研究室内で決まっていないのは私だけ、ということはすでに知っていました。しかし、これが学科で私だけ、ということは知りませんでした。

これを知り、はじめて「これではまずい！」と焦りました。

勝ち知らずで負けっぱなしの就職活動でしたので、戦略を根底から考え直さざるを得ません。

ゴールデンウィーク終了後の5月中旬。

まず行なったのは、ＯＢ訪問でいろいろ教えを賜ったＮＨＫ職員の方に、再度相談することです。

大学の近くにあるウナギ屋さんで、非常に有益なアドバイスをいただきました。

いただいたアドバイスは、ひとつ。「企業のニーズをきちんと理解しているか？」ということです。

「あぁ、たしかに！」と面食らった感覚です。

「企業のニーズを理解する」ということはどういうことか？　と申しますと、その会社のミッションや現在抱えている課題に対して「自分はどういう解決策（または解決のための強み）を持っているか？」ということです。この解決策を持っている人が、早々と内定を得ることができます。

社会人になってから考えると、とても当たり前なことですが、学生の当時は、こういう発想すらもありませんでした。

ここで私は「自分の強みは何だろう」ということを考え直しました。出てきたのは、次の通り。

①研究室で行なっている研究内容
②大学に入学して以来、通算1000本以上の映画を観て、3000以上の美術展に行ったこと
③学習塾の講師として、約80人の偏差値45前後の中学生を、60以上に上げて志望校に合格させたこと
④学部生のティーチングアシスタントとして、留年寸前の20人くらいの学生を留年の危機から救い、きちんと進級させたこと

このうち②、③、④は、面接でよく話しました。しかし、エンジニア志望なのに、大学院生の本分である①をまったく話していませんでした。これが188社落ちた原因だと、ようやくわかりました。

エンジニア志望の大学院生に対して最も求められることは、自身の研究内容や研究に対するスタンスであるにもかかわらず、私はまったく話さなかったのです。

「気づくのが遅いよ！」という声が、よーく聞こえます。しかし、気づいただけでもよしとさせてください。

遅まきながらも「自分に求められていること」を理解した私は、まずは転職情報誌を買いました。

なぜ「就職」ではなく、「転職」情報誌なのか？

転職情報誌からの求人は、即戦力が求められています。よって、ここには求められている職種やスキルなどが明確に掲載されています。この会社は具体的に「これ」ができる人を探しているのだな、ということがわかります。

大卒初任給は一律ですが、30〜40才といった、会社ごとで大きく差が現れる、ある程度の年齢に達したときの実際の給与モデルが明記されていることもポイントです。

転職情報誌を数冊読んで、企業が求めているスキルと私の強みとが合致しているところを探したところ、30社ほどが浮かび上がりました。よく調べてみると、その会社はすべて新卒の採用を行なっていて、幸運にもまだ採用を終了させていませんでした。

私はすぐに、それぞれの会社の採用担当に電話をかけて、説明会や面接の予約を入れました。

面接では大学院の研究内容のことをメインに話して、企業側のニーズと私の強みが合っていることを全面にアピールしました。すると、面接はすべて、とてもスムーズに進みました。これまで落ちまくっていたことが、ウソのようです。

結果として、オリンパス、三菱ふそうトラック・バス、日野自動車、日産ディーゼル、日本信号など10社から立て続けに内定をいただきました。

私の内定に一番喜んでいたのは、就職担当の先生でした。

「高田君は内定がとれないと本気で思っていたので、安心したよ」

と言われたので、なんとか先生を安心させることができてよかったです。

繰り返しますと、私が188社落ちた後に10社から内定を得られた理由は**企業側のニーズに応えられる会社を選んだこと**です。

「それって理系の学生だから言えるんじゃないの？」と思った方もいるでしょう。「理系は求められる技術が明文化されているけど、文系はそんなことがない」と、私に食ってかかってきた明治大学の学生もいました。

しかし、自分の強みをきちんと確かめた上で、企業の求めている職種やスキルをよーくご覧ください。具体的には次の項目でお伝えしますが、「これだったら私はできる」というものが見つかります。この明治大生も私のアドバイスに従った結果、メガバンクに入行しました。

あなたにとっての金脈（強み）は、あなたの中にきちんとあるのです。

「私には強みがない！」と嘆く以前に、企業側のニーズを理解して、その上で「自分にできることは何か？」、そして「それにまつわるエピソードは何か？」ということを思い出せば、それでOKなのです。その「何か」は、必ず見つかります。この考え方を大事にして、就職活動に臨んでいきましょう。

内定をたくさん獲得する就活生の考え方

私の例をお読みいただいたところで、内定を獲得できる就活生がどんな考え方をしているのか、あらためてご説明いたしましょう。

内定を得るためには、志望する企業のことを知らなければなりません。ここでは、さらに抽象度を上げて、「会社」について考えてみましょう。

すべての会社の究極的な目的とは、何でしょうか？

それは、会社を倒産させないこと。つまり、永遠に会社を存続させることです。会社を存続させるために、社員全員が日々の企業活動として行なっている重要なことが2つあります。ひとつ目は、会社の価値（ブランド）を上げること。2つ目は、会社の売上を絶えず上げることです。

よって、会社が求めている人材というのは、この2つができる人、言い換えると、**会社の利益に貢献できる人**、となります。つまり、就活では「私は○○という強みを持っていて、御社の利益に間違いなく貢献することができます。私を採用しないと損ですよ！」とアピールすればいいわけです。内定をたくさん獲得する就活生は、このことを常識として前提に持ち、就職活動をしていました。具体的には、次の2つの方法があります。

「志望企業が決まっている就活生」が内定を得るには

志望企業が決まっている場合、まず、その会社について徹底的に調査をします。ホームページや会社案内はもちろんのこと、製品やサービスを購入する、OB訪問をするなど、実際に会社に行ってみることも必須です。

ここで調べることは、「事業の内容」と「お客様の属性」とともに、その会社が希望している人物像や欲しているスキルを導き出すことです。つまり、その会社に貢献できるポイントを見つけることです。

この貢献ポイントを見つけることが、本当の意味での企業研究です。

企業研究によって貢献ポイントが見つかったら、それを満たす人物が私なのですよ、と皆さん自身がアピールすれば、内定はあっさりと獲得できます。

そのアピールを論理的にできるようにすることが本当の意味での自己分析です。

言い換えれば、企業研究によって見つかったポイントは、志望する会社が本当に必要としている人物像ですので、会社側がすぐにでも欲しい人材です。そこに、これらが適う人材であることをアピールすることによって、企業側と志望者とのニーズが合い、すぐに内定を獲得することができる、というわけです。

「自己分析」からはじめて内定を得るには

もうひとつの方法は、自己分析からはじめる方法です。

入念な自己分析（自己分析の方法は、2章にて後述）をして、できるだけたくさんのキーワードをノートに書き出しましょう。書き出された単語群を見ながら、これらが貢献のポイントとなる会社（職種・業界）を探します。探すときはインターネットだけではなく、説明会に参加したり、専門とする方に相談したり、実際に会社で働く人に尋ねてみたりなど、積極的に外に出て、たくさんの人と話すことが、とても大事です。

ここで出会った会社は皆さん自身の強みを必要としている会社である可能性が高いので、その点をアピールすることによって、前者と同様に企業側と志望者とのニーズが合い、内定獲得できる、というわけです。

よって、貢献することを念頭に置いて就職活動を行なうことが、志望企業から内定を獲得することにおいて、いかに重要であるかを理解していただけたと思います。

このことを知らないために、優秀でありながら、何十社も落ちてきた就活生を私はたくさん見てきました。「行動力を強く求めている会社」で「落ち着きや冷静さ」をアピールする、「高いコミュニケーション能力を求める会社」で「事務処理の速さ」をアピールするなど、的外れなアピールをしてしまう就活生が、大多数なのです。その大多数から抜け出し、的の真ん中を射たアピールをすることによって、志望する企業から内定を得やすくなります。

この考えを踏まえて活動していた私の実例を述べます。

まず、私が就職活動をしていた当時発売されていた転職情報誌をすべて購入しました。

転職情報誌には「経理ができる人」や「設計ができる人」「CADができる人」など、その企業にとっての貢献ポイントが明記されています。ここに私は目をつけました。

転職情報誌に記載されている情報から私は、当時、大学院で研究をしていた内容の技術を欲している企業を探しました。意識的に探しますと、30社ほど見つかりました。この中から、私の興味を惹いた10社を選び出し、1社ごとに電話でアプローチをし、選考を受けました。結果、その10社すべてから、内定を獲得したのです。

この話をすると、「高田さんは理系だから、そういうことができたんだ!」と言われます。でも、これは文系でも通用する話なのです。

企業が求める「スキル」を細分化する

たとえば「英文経理ができる人」が募集されているとします。

ここで、「英文経理ができるということは、何ができるのか?」と、英文経理を細分化します。すると、「英語ができる」「日本の経理がわかる」「米英の経理がわかる」「契約書が作成できる」と細分化できます。

ここから、文学部や外国語学部なら「英語ができる」ということでアプローチできます。経営学部や経済学部なら「日本の経理がわかる」、商学部なら「米英の経理がわかる」、法学部なら「契約書が作成できる」、以上のような感じで企業にアプローチすることができるのです。

この方法を使って、文系の就活生の多くが商社や銀行などから、続々と内定を獲得していきました。時間に余裕がありましたら、転職情報サイトに掲載されている志望する企業の記事を見てみると、さらに効果的です。

これは文系理系問わず通用する内容なのです。さらには、内定を獲得するための大前提となる考え方です。この考え方を持って、就職活動に臨んでいきましょう。

失敗する就活生の特徴

内定をたくさん獲得する就活生の考え方・行動が、意外にシンプルであるとおわかりいただけたでしょうか。

にもかかわらず、当時の私を含めた就活生の多くは、なかなかそうした成功パターンをつかむことができません。

失敗を重ねてばかりいる人の一番の特徴は、同じやり方で違った結果を生み出そうとしていることです。同じやり方でやったのですから、当然、同じ結果が生まれます。

失敗ばかりしているのに、また同じ方法でやろうとしている人は「ただの頑固者」です。

逆に、あちこちから内定を得ている人は、内定を得やすい自分流の方法を体得し実践しているので「こだわりを持っている人」なのです。

これは非常に当たり前なことですが、当事者になりますと、まったく気づきません。これを私は「パターンにハマっている人」と呼んでいます。

学校の勉強でも、特に数学でこんな経験がなかったでしょうか？

いくら問題を解いても同じ答え。それも間違った同じ答えが何度やっても出てくる。こんな経験です。

皆さんは、これをどうやって解決したでしょうか？　参考書を参照することや、先生や友人など第三者からの解説を乞う、といったことで乗り越えてきたと思います。


これを就職活動に当てはめてみます。

面接を受けた後に家や研究室など、落ち着ける場所に戻ります。ノートを広げて、その面接で成された対話を一言一句、できるだけ鮮明に思い出し、これのすべてを記録します。

残念ながら、選考に落ちてしまったなら、ノートを広げて、どこがまずかったのかを分析します。その分析をもとにして、さらに内定に近づく方法を編み出してようやく、次の行動に移す、という流れです。

選考を通過したときも同様です。ノートを広げて、どこが選考の通過に結びついたのかを分析します。前述の通り、同じやり方なら、同じ結果がもたらされます（ノートについて、詳しくは224ページをご覧ください)。

ということは、選考に通過する行動をとれば、また選考に通過する、というわけです。内定をいただきまくっている方は、選考に通過するパターンを持っていて、逆に、かつての私のように選考に落ちまくっている方は、落ちるパターンしか持っていません。

そうなってしまうのは、なぜでしょうか?

それは、人間が本質的に、現状維持に努めることに命をかけているからです。つまり、**人間は本能的に現在の環境に大満足しており、この環境を変えたくない**のです。

たとえ上っ面で「これはまずいなぁ。変えないといけないなぁ」と思っていても、脳の奥底では「このままでいいじゃん。変えるのは面倒だよ」と言って、結果的には何も行動しないのです。

貧乏な状態で「この状況を何とか脱したい」と言っておきながら、忙しさなどを理由に、結局は何も行動しないのと同じことです。危機感を多少は持ちながらも、「いずれどうにかなるだろう」とか「たまたま運がよくないだけだ」と、ごまかすように楽観視したり、自分の不幸を憐れんだりしているのです。

よって、変えることが面倒なために、結局は何もやらずにまったく同じ方法を何度も繰り返して、同じように選考から落ちまくっている、というわけです。

それはまさしく「失敗をする人は、自ら進んで失敗をしている」という状態です。

本当に落ちてしまった際に「あぁ、落ちちゃったよ」とある種の安心感を得てしまったり、間違って選考に通過したら「あれっ、通っちゃったよ」と、少しでも思ったりしたら、これは重症です。本能的にある現状維持の努力におもねってしまった結果と言えるでしょう。

アルバート・アインシュタインが愚かな人の定義として言っているのは「同じ行動をして、違った結果を生み出そうとしている人」です。同じやり方で選考に挑んでいるのですから、現れる結果は同じ（落ちる）なのは、当たり前ですね。

2 章

「自己分析がうまくできない！」を解決する内定を獲得できる自己分析の方法

自己分析でつかむべきものは、たったの2つ

就職活動における必須項目ともいえるのが、自己分析。これは非常にくせ者です。というのは、アドバイスする人によってやり方が違いますし、ここまでやればOKというゴールが見えにくいものだからです。その結果、自己分析を難攻不落の城のような存在に捉えてしまい、尻込みする学生が少なくありません。

しかし、自己分析は非常に大事です。

なぜなら、あなた自身のことを明確に文章にしたものが、どんな業界・どんな企業を選択するか、エントリーシートに何を書くか、面接で何を話すか、そうした**就職活動の基礎**となるからです。

何十社まわっても内定を得ることができない方々に共通する特徴のひとつが、自己分析の甘さです。しっかり自己分析しておかないと、自身の軸ができません。よって、〝あっちにフラフラ、こっちにフラフラの落ち着かない人〟と企業に判断されて、採用されなくなってしまうのです。

結局のところ、自己分析は何がわかれば、ゴールとなるのでしょうか？

それは2つあります。①**あなた自身がどのような考え方で生きてきたのか**（**人生の理念**）、②**あなた自身の人間的な強み、得意とすること**（**自分の強み**）、以上の2つです。

この2つをあなた自身の言葉で文章にすることができれば、自己分析はOKです。この2つをもとに受験する会社を選び、書類を作成して、面接で伝えることができれば、内定はあっさりと獲得することができます。

次項以降で述べる自己分析の方法を実践して、会社で活躍するオンリーワンな自分を表現する基礎を作っていきましょう。

そもそも、どうして就職するのですか？

人生の理念を見つけよう

それでは、自己分析をはじめていきます。その第一歩として、あなたにこの質問を振ります。

「そもそもあなたは、どうして就職するのですか？」

本書を読んでいる皆さんのほとんどは、これまで正社員として働いた経験がないと思います。そこにはじめて就職活動という人生のビッグイベントが立ちはだかったのです。

これを乗り切るためには、まず、「自分」というものを知らなければなりません。**自分の軸を明確にしてはじめて、どんな相手（会社）を探すべきかがわかってきます**。このために、いろいろなアプローチで自分のことを知りましょう。

まずはあなたの働くことに対する認識、「仕事観」を明文化させます。これは社会人になってからも問われる永遠のテーマでもあります。これを早いうちに自問自答をし、磨き上げることによって、あなたにとっての「仕事観」が確立し、就職活動の質を高めることができるのです。

この本では具体的な回答は教えません。と申しますか、正解はあなたの中にすでにあります。あなた自身の回答を得るために、たくさんの本を読み、ＯＢ訪問などで社会人の先輩に会って対話などをすることが、何よりも最適、かつ最速な方法です。私からは、そのヒントとなる本を５冊紹介します。

吉野源三郎『君たちはどう生きるか』（新潮文庫）
福島正伸『キミが働く理由』（中経出版）
喜多川泰『上京物語』（ディスカヴァー・トゥエンティワン）
サン＝テグジュペリ『人間の土地』（新潮文庫）
黒井千次『働くということ』（講談社現代新書）

回答がすぐに出てくれれば、それはそれでとても素晴らしいものですが、普通は一朝一夕に出てくるものではありません。よって、長い間回答が出てこないからといって、凹んだり焦ったりしなくても大丈夫です。漠然とでも回答が現れたら、日々、その回答をブラッシュアップしていきましょう。

ここでちょっと原点に返ってみましょう。

そもそも「仕事」とは、どういうことなのでしょう？

仕事とは「世間一般にサービスを提供する」ことです。言い換えると、「社会またはお客様の不満や問題点を解決してあげること」。これが仕事の意味です。

あなたが一般社会に対して提供したサービスの「価値」とその「量」が、あなたの受け取る報酬額になります。この法則は、どの仕事においても必ず当てはまります。

ここであなたに尋ねます。

「あなたはどのような社会人になりたいのですか？」

「社会に対して、どのような貢献がしたいのですか？」

「その貢献に対して、あなたはどのような価値を提供できますか？」

世の中にはさまざまな価値があります。この価値を交換し合うことによって、社会が成り立っているのです。これを知っている人は、意外にもかなり少ないのが実情です。

もし、たくさんのお金を稼ぎたいと考えたら、たくさんの給料が与えられる会社に入るか、あなたの価値を最大限に活かせる会社を見つけるべきなのです。

内定を得られないということは、会社側から「提供し得る価値が低い」と見なされていることを意味します。

どうすれば、たくさんの質の高い価値を提供できるのか？

社内や社外にて、仕事で成功している人たちは皆、その仕事が好きで好きでたまらなく、自分のやっている仕事にワクワクしながら、次にどんなサービスが提供できるかを絶えず考えています。このような人は、仕事を存分に楽しんでいます。

一方で、給料をもらうためだけに働いている人は、働いている時間が退屈なため、その時間が早く過ぎることだけを考えています。アルバイトで働いている人のほとんどがこのタイプです。面倒だと思いつつも出勤し、お金のためにつまらない仕事を黙々とこなしていく。非常に退屈なのが、よくわかります。

価値を提供できる人になるには、熱い情熱を持てるような仕事、自分のミッションだと思えるような仕事を見つけることが必要で、それこそが、本書を読んでいるあなたが今すべきことなのです。

自己分析をやってみよう

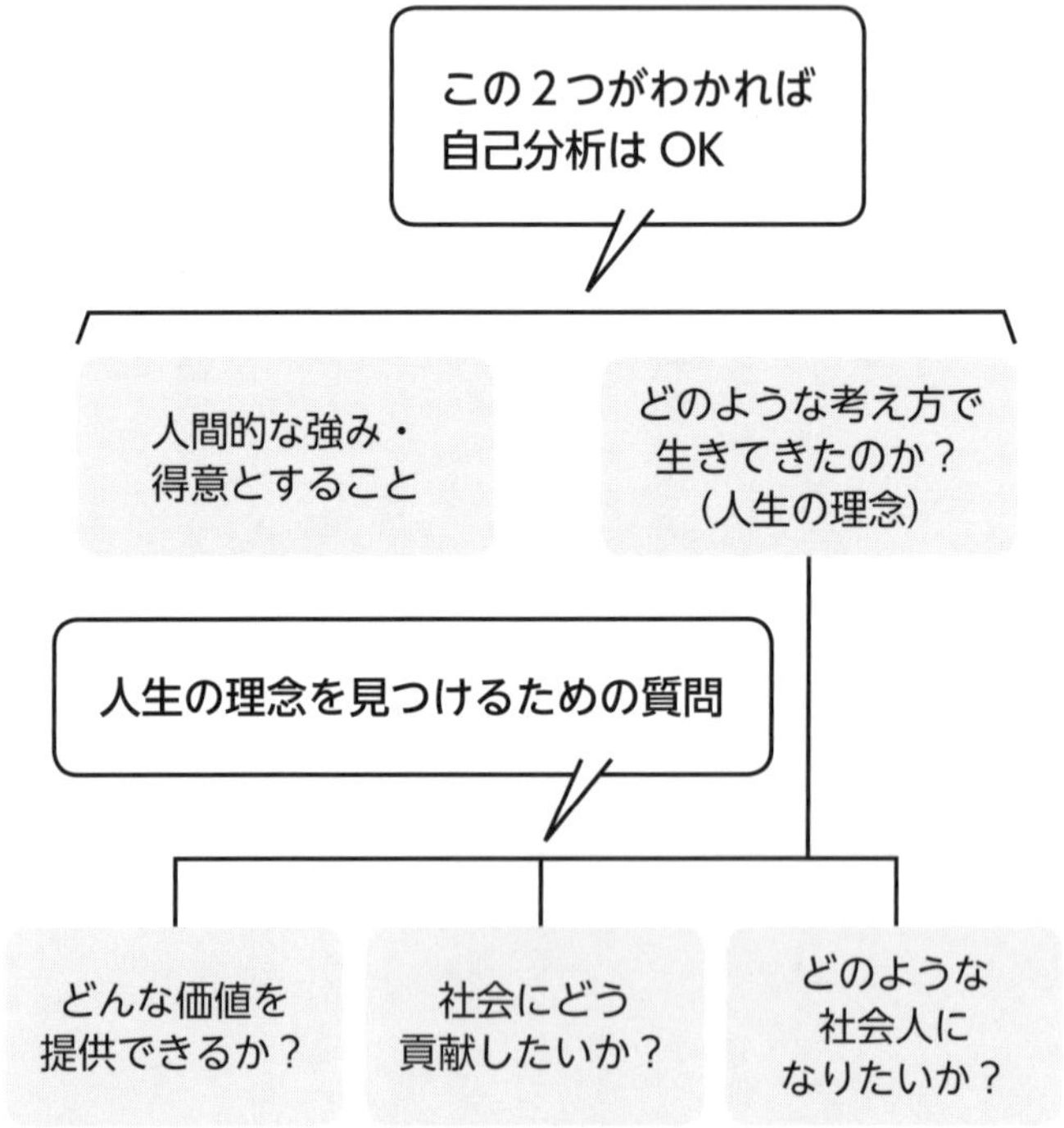
この２つがわかれば
自己分析は OK
人間的な強み・
得意とすること
どのような考え方で
生きてきたのか？
（人生の理念）
人生の理念を見つけるための質問
どんな価値を
提供できるか？
社会にどう
貢献したいか？
どのような
社会人に
なりたいか？

これまで歩んできた道を確かめよう①

家族について

ここから、あなた自身を探求していく作業に入ります。

多くの方は、これまでの人生で、自分自身の歴史を深く探ったことはないと思います。過去を振り返ることに抵抗感を示す方もいると思いますが、これをしっかりやるのとやらないのとでは、後々に大きな差が現れます。就活というのは、あなたのこれからの人生を大きく左右するビッグイベントなのですから、ぜひ取り組んでみましょう。

質問への回答として頭に浮かんだことは、どんな些細な思いつきでも、すべてに意味があります。「これはたいしたことはないから書かなくてもいいだろう」と捉えて、答えを消すことはやめましょう。一度、すべてを書き記して、そこから判断すればいいのです。

これからいくつかの質問をするので、答えをしっかりと書き留めてください。

両親を知ることは、自分を知ること

あなたのルーツを探るスタート地点は、あなたの家族です。

家族からの影響は大きいものです。特にご両親はあなたが生まれてきてから最も長い時間つき合ってきた大人ですので、その影響は絶大なものです。何も知らないあなたに、言葉や社会を生きるためのルールを伝えたのは、両親です。ですから、両親のことを知ることによって、あなた自身が見えてきます。

なかには、両親を嫌っている人もいるでしょう。しかし、どうして嫌いになってしまったのでしょうか？　何かがあって、嫌いになってしまったのでしょうが、嫌いなことだけを覚えていて、好きなところを記憶の彼方に置き忘れてしまっているのではありませんか？　きっと、好きだった親の記憶もあるはずです。よーく思い出してみましょう。

両親の好きな性格を統合していけば、自分の好きなところが浮かび上がり、逆に両親の嫌いな性格を統合すれば、あなたの嫌なところが見えてくるのです。

お父さんを知ることで、自分を知ろう

あなたのお父さんの仕事は何ですか？

あなたのお父さんが仕事以外で没頭していたことは
何ですか？

あなたのお父さんは、どういう性格の方ですか？

あなたのお父さんの好きなところは？

あなたのお父さんの嫌いなところは？

お父さんとあなたが似ているなぁと思う性格は？

あなたがお父さんから言われ続けてきたことは
何ですか？

あなたは、お父さんからどんなことを学びましたか？

お母さんを知ることで、自分を知ろう

あなたのお母さんの仕事は何ですか？

あなたのお母さんが仕事以外で没頭していたことは
何ですか？

あなたのお母さんは、どういう性格の方ですか？

あなたのお母さんの好きなところは？

あなたのお母さんの嫌いなところは？

お母さんとあなたが似ているなぁと思う性格は？

あなたがお母さんから言われ続けてきたことは
何ですか？

あなたは、お母さんからどんなことを学びましたか？

祖父母や兄弟姉妹についても同じことが言えます。親戚中を訪問したり、考え直したりして、自分を見つける土台にしていきましょう。

これまで歩んできた道を確かめよう②

あなたに起きた出来事をたどってみよう

続いては、今でも忘れられない出来事や、達成して成果を作った出来事をたどっていきます。これらの出来事はあなたの人生にとって、ひときわ輝いた大きな節目となっているはずです。

他人に誇れなくても、自分に誇れる出来事を思い出す

特に、困難を克服して達成した体験は、自分にとって大きな自信となります。

このとき、世間的に認められた成果ではなくても大丈夫です。あなた自身の中で「よくできたなぁ」と思えたら、それでＯＫです。

逆に「忘れてしまいたい」とか「思い出すだけでもイヤだ」という出来事もたくさんあると思います。それもきちんと思い出しましょう。

他人に誇れなくとも、自分に誇れれば十分です。「あれはすごかった」という感じで、あなた自身に大きなインパクトを与えた出来事を聞いていますので、あくまでも基準はあなた自身なのです。他人に振り回されてはいけません。

よいと思っていたことも、悪いと思っていたことも、一度フラットに振り返り、よいところだけを明文化させて振り返るようにしましょう。

あなたに起きた出来事リスト

小学校卒業まで	よかったところは何か？
	そこから何を学んだか？
中学生のとき	よかったところは何か？
	そこから何を学んだか？
高校生のとき	よかったところは何か？
	そこから何を学んだか？
大学入学から現在	よかったところは何か？
	そこから何を学んだか？

これまで歩んできた道を確かめよう③

あなたの好きだったものや楽しかったことは何ですか？

ここでは、あなたが好きだったものや楽しかったことについて、考えてみましょう。時系列をあなたの通った学校ごとに分けて、そのときごとに楽しかったことや夢中になったことを書きましょう。

これによって、当時のあなたの好奇心がどの方向に向いていたのか、何に楽しさを感じたのかを明らかにします。

お母さんから「ごはんですよ」と言われても止めなかったものは何ですか？

それのために本当に寝食を忘れてしまったものは何ですか？

小学校入学前の、古い時代のことから、可能なかぎり思い出してください。

なかには、今でも続いているものがあるかもしれません。違う形に変わって続いているものもあると思います。

「あのときは楽しかったなぁ」と思える遊び、趣味、あるいは場所などを、情景、聞こえた音や声、体で捉えた感覚など、当時の感情を思い出しながら書いていきましょう。

趣味や遊び以外にも、サークル活動や家事など、給料の発生しない活動をたくさん経験したと思います。

その中で特に楽しかった活動は何だったでしょうか？

さらには、活動の中で楽しかった作業は何だったでしょうか？

これらも書き連ねてください。

書きながら、「それがどうして楽しかったのか？」という「理由」も文章にしましょう。

出てきた理由から、あなたの性格を成すキーワードが現れるはずです。

あなたの好きだったもの、楽しかったもの（趣味・遊び・活動など）リスト

小学校卒業まで	どうして好きだったのか？
	どうして楽しかったのか？
中学生のとき	どうして好きだったのか？
	どうして楽しかったのか？
高校生のとき	どうして好きだったのか？
	どうして楽しかったのか？
大学入学から現在	どうして好きだったのか？
	どうして楽しかったのか？

これまで歩んできた道を確かめよう④

あなたが大切にしているものは何ですか？

ここでは、あなたの人生における哲学や処世術、行動によって得られた教訓や、社会に対する意見についてまとめます。

これはあなたの体験を通して得られた考え方です。

ひと口に「体験」といっても、さまざまあります。家族や社会などの集団が無条件に信じていることで、あなたが受け入れたこと。あなた自身が行動した経験から、直接的に得たこと。周りの人からの伝聞や、新聞やテレビなどのメディアから間接的に得られたこと。たくさんのことがあります。これらから、あなた自身が受け入れて、日々の生活で「こうあるべきだ」と思っていることをまとめます。そうした「こうあるべきだ」という思いが裏づけとなって、あなたの日頃の行動となって現れています。その**行動の土台となっている考え方**を、紙の上に現してみましょう、ということなのです。

行動の軸がはっきりすると、ラクに決断できる

これがはっきりわかっている人は、自分の中の軸がしっかりしているということになるので、あらゆる面で、高いレベルでの決断が容易となります。はじめるべきか、続けるべきか、いったん立ち止まるべきか、止めるべきか。これらの決断がラクになります。

芸術家の岡本太郎氏は「つねに危険なほうを選択してきた」と言っていました。危険を選択しろ、と言いたいのではなく、ここまでわかりやすい選択基準があると、迷わずに済むということを、私は特に言いたいのです。迅速に決断し、早く行動できることが成功へ

の圧倒的な近道ですので、そのためにもあなた自身の考え方を書き留めてみましょう。

たとえば、これまで通った学校や学科は、どういう基準で選んだのでしょうか？

あなたが経済学部だとしたら、なぜ、商学部を選ばなかったのでしょうか？

さらには、なぜ、実家に住んでいるのでしょうか？　あるいは、なぜひとり暮らしなのでしょうか？

日々の生活においても「約束の時間は守るべきだ」「人にやさしく」「人生は結局どうにかなる」「謝罪は迅速に行なうべきだ」「人には正直に接するべきだ」「日本の政治は根本的におかしい」といったものがあるかと思います。

朝起きてから夜寝るまでの行動を思い出して、その行動の裏にはどのような考え方があったのか、と自問してみます。そして、その考え方がどのような行動となって現れたのかを振り返りましょう。

「考え方」というのは、あなたの脳に完全密着した厄介なものですが、上手に利用すると、最高の友達になります。考え方の変え方は後述しますが、まずは現在地をはっきりさせないと、ゴールの方向性が見えません。どのワークにもいえることですが、しっかりと取り組みましょう。

行動の土台となっている考え方を明らかにしよう

1. あなたが大切にしているものは何ですか？

2. そう考えた理由は、なぜですか？

これまで歩んできた道を確かめよう⑤

あなたに影響を与えた人は誰ですか？

これまでは活動や出来事に注目してきましたが、次は「人」に注目してみましょう。生まれたときからこれまで、あなたにはたくさんの人との出会いがありました。密度の濃淡はあるものの、その一つひとつがあなたの人生に影響を与え、あなたの今を作っています。

まず、あなたに大きな影響を与えた人や、あなたにとって大切な人をリストアップします。できれば、時系列的に古い時代から思い出してみましょう。**あなたに特に強い影響を与えた方々は、あなたの過去から現在のキャラクターを作り、その延長線上に未来のあなたのありたい姿があります。**

その方の名前や当時の年齢、仕事、どのような経緯で出会って、あなたにどのような影響を与えたのか、そして、この関係はあなたにどんな意味があるのかを詳しく書いてください。あなたにインパクトを与えた方ですので、大きな魅力や特徴があると思います。

あなたの人生に大きな影響を与えた人は誰でしょうか？　今も生きている人でしょうか？　それとも、もう亡くなられた人でしょうか？　あなたが生まれたときにすでに亡くなられていた方でしょうか？　家族や友人といった身近にいる方でしょうか？　スポーツ選手や芸能人、政治家といった有名人でしょうか？　それとも歴史上の偉人でしょうか？

一つひとつを思い出し、書き出していきましょう。

あなたに影響を与えた人リスト

1. あなたに影響を与えた人を年代の古い順に並べてください

小学生のとき

中学校のとき

高校生のとき

大学生のとき

2. その方はどのような点であなたに影響を与えましたか？

小学生のとき

中学校のとき

高校生のとき

大学生のとき

3. その結果、今のあなたはどのように生きていますか？

自分の強みについて

これから、皆さん自身の強みを見つけていきましょう。強みを見つける（言葉に表す）ことによって、自己分析の質が大きく向上します。

そもそも、「自分の強み」とは、何でしょうか？　それは**あなた自身が無意識のうちに行なっていることで、高い結果を得ていること**と私は定義します。

この強みを見つけていくのですが、「高田さん！　自分の強み、わからないっすよ」と、私に相談が寄せられることが、数多くあります。

なぜでしょうか？　これには、２つの理由があります。

ひとつは単にボキャブラリー不足、つまり、**強みに関する単語を知らないため**です。

〝自分の中のトップ1〟を探す

2つ目は、これは深刻な事態でして、**他人と比較をしてしまっているため**、です。「周りと比較して、自分は大したことがない」、または「『○○』という強みを見つけたけれど、それは友人のAさんのほうが優れている」と思ってしまっているがために、強みが見つけられない、ということなのです。

しかし、これは実に無意味なことです。

よーく考えましょう。地球上には70億以上もの人間がいます。70億もの人たちと比較をしたら、あらゆる分野で必ず、上には上がいるものですから、比べるだけ無駄なことなのです。他人と比較するのはやめて、あなた自身の中でトップ1、トップ2の項目を挙げれば、それでOKなのです。

では、これから「強みについてのボキャブラリー」を増強させましょう。

人間性をアピールするのが内定への近道

就職活動でよく使われる強みには、2種類あります。企画力、交渉力、問題解決力といった**事務処理系の強み**と、熱心、向上心、忍耐力といった**人間性の強み**です。

汎用性（使い回しやすい）が高く、企業からの印象がいいのは、「人間性の強み」です。なぜなら、企画力、交渉力、問題解決力といった事務処理系の能力を就活生がアピールしたとしても、よほどの実績がある場合を別にして、大抵は、企業からは「甘い！」のひと言で切り捨てられてしまうからです。

企業社会では、売上を立てるための能力が求められていて、現役社員の方々は、さまざまなことを実践し、着実に成果を出しています。そのような百戦錬磨の社員の方たちにとって、社会に出たことのない学生からの「私には企画力があります」というアピールは、成果が伴わない（売上が立たない）ものですから、「甘い！」と切り捨てられてしまうのです（それを凌駕できるエピソードがあるのなら、それを挙げてもＯＫです）。

よって、人間性についての強みを挙げ、アピールすることが、内定獲得という結果につながりやすいのです。

具体的にどんな言葉で「人間性の強み」を表せばいいのか、「事務処理系の強み」と併せて、主なものを次ページに挙げました。3つ程度を選んで、エピソードをつけましょう。

エピソードをつけるときに重要なことは、小学校、中学校、高校、大学（専門学校、短期大学）と各学校の在学時においてのエピソードを語ることができるようにすることです。**語ることができなければ、その単語は強みとして成立しない確率が高いでしょう。**

というのも、強みとは、無意識のうちに高いレベルの結果を生み出すことですので、極論すれば、生まれたときからその強みを発揮しているはずなのです。ですから、語れないということは強みではない、と言えるでしょう。

エピソードを見つける際には、まず、過去一週間の生活を微に入り細にわたり、思い出しましょう。次ページの強みにまつわる単語を見ながら、これらが発揮されている場面を思い出すのです。ここから、高校、中学校、小学校と掘り下げていけば、ＯＫです。

ここで見つけた強みを活用して、自己分析をよりよいものにしていきましょう。

「強み」を表す単語

事務処理能力にまつわる単語

文章力、創意工夫、情報収集力、質問力、コミュニケーション力、語学力、創造力、根回し、マネジメント力、処理スピード、柔軟性、記憶力、集中力、改善能力、分析力、本質を追求する、決断力、問題解決力、観察力、応用力、プレゼンテーション力、協調性、論理的思考能力、危機管理能力、専門知識、表現力、時間管理能力、交渉力、人を巻き込む力、完遂能力、人脈、計画的

人間性にまつわる単語

真剣、すぐに仲よくなれる、気がきく、根気の強さ、努力、緻密、体力、柔軟性、優しさ、活発、規律を守る、適応力、一途、情熱、積極性、謙虚、プラス思考、責任感、尊重、献身、共感、気遣い、配慮、几帳面、誠実、反骨精神、俊敏、正直、こだわり、競争心、勤勉、マメである、回復能力、親切、順応性、学習能力、冷静、愛情、責任感、行動力、明るさ、熱心、向上心、忍耐力、ストレス耐性、バイタリティ、礼儀正しい、世話好き

自己分析をやりすぎてはいけない理由

前に述べた通り、自己分析は非常に大切です。

会社選びの判断基準になるほか、自己ＰＲや志望動機を作成する上での基盤となるからです。

重要な自己分析ですが、あなたは、この自己分析にどれだけの時間を費やしているでしょうか？　10時間？　50時間？　１００時間でしょうか？

実は、自己分析は、長い時間をかけてはいけないものなのです。

その理由はまず、**終わりがない**ということです。

時間をかけて、自分自身について悩めば悩むほど、ドツボにはまってしまい、何もできなくなってしまいます。

その結果、本来、時間を注ぐべき、エントリーシートや履歴書の作成、面接の対策がおろそかになり、次々に落ちてしまう――これでは本末転倒です。

さらに、現在の就職活動は短期戦ですから、止まっているヒマはありません。

自己分析のゴールは、「人生の理念」と「自分の強み」を自身の言葉で表現できるようになること。これができたら、すぐに次のステップに進みましょう。

そうは言いながらも、なかなか前に進むことができない就活生が多いのも事実です。「自己分析は長い時間をかけるもの」「長い時間かけて出てきたものが本物だ」という思いこみがあるからでしょう。

たしかに、自己分析を徹底的に行なえば、志望する企業から内定を獲得できる確率は高まります。他方で、それによる弊害も生じてしまうのです。

ある就活生に起こった実話をひとつご紹介しましょう。

大手広告代理店に入社はできたものの……

超大手広告代理店のクリエイターを志望していた学生がいました。ある就活本を使って自己分析を徹底的にこなし、完璧に仕上げた結果、見事に内定を獲得できました。「これでクリエイターになれる！」と意気込んで入社し、研修を終えたところ、配属されたのはなんと、「経理」だったのです。

クリエイター志望というより、自己分析をしまくった結果、「クリエイターしかあり得ない」と考えるに至ったこの方は、ものすごいショックを受けました。

その後、多少、経理でがんばってはみたものの、「クリエイターになりたい」という情熱は冷めやらず、結局、３ヶ月で退職し、私のところに相談に来ました。

最終的には第二新卒として制作会社に入り、現在は当初の志望通り、クリエイターとして活躍しています。

このように、**自己分析をやりすぎると「私には○○社の△△職しかありえない」と、視野がものすごく狭くなります**。情熱と勢いで内定を獲得できてしまうことが多々あるものの、その後が大変です。配属についてのミスマッチが起こるのです。これは非常にもったいないことです。

ですので、「人生の理念」と「自分の強み」を表現することができたら、次のステップへ進みましょう。

それでも自己分析の質を高めたい、という方には、**エントリーシートをたくさん書きまくること**をお薦めします。志望業界のエントリーシートの過去問を回答しまくりましょう。よーく観察しますと、エントリーシートで出題される問いはすべて、自己分析せざるを得ない内容です。これらに回答していくことによって、自己分析の質を高めることができますし、さらには、エントリーシートの質を高める（合格率を上げる）こともできます。

エントリーシートを回答し続けたら、もう一度、「人生の理念」と「自分の強み」を探るところに戻って、あらためて考えてみましょう。より強力な表現で、自身を語ることができるようになっているはずです。

この循環を繰り返すことによって、自己分析は短時間でレベルの高いものになり、エントリーシートの質も格段に高くなっています。

3 章

「いい会社が見つからない！」を解決するあなたに合った会社との出会い方

あなたの理想の職場や仕事とは何ですか？

2章において、あなたについて、いろいろなことがわかってきました。書いたことを再読して、何かしらのキーワードが浮かび上がってきたかと思います。そのキーワードを満たす仕事に就くことができれば、あなたはこれから、幸せな社会人生活を実現できることと私は思います。

この章では、あなたに合った働き方を見つけるヒントや、具体的な会社の探し方についいて、私のノウハウをお伝えします。ノウハウの通りに実行して、あなたの社会人としての人生をよりよいものにしていきましょう。

私が行なう就職活動コンサルティングでは、現在の地点とゴールを明確にしています。スタートとゴールの２つがわかれば、それをつなげる道が自然とできるので、とても簡単に目標が達成できてしまうのです。

ただ皆さんは、その現在地を知ることや目標を設定する作業がとても中途半端なために、ゴールに到達できていません。

２章では、その現在の地点をきちんと知る作業を行ないましたので、この章では、ゴールを明確にして、そこに向かう道筋を見えるようにします。

就活のゴール＝「どんな社会人になりたいのか？」をはっきりさせよう

まず、あなたにこの質問をします。

「結局、あなたはどんな社会人になりたいのですか？」

「金持ち父さん 貧乏父さん」シリーズの共著者であるシャロン・レクターは、「なる・

する・持つ」の公式を言っています。

成功した社会人に「なる」ためには、成功した社会人の考え方を学び、成功した社会人の心構えを身につけ、その次に、成功した社会人が「する」ことをする。そうすれば成功した社会人が持つようなものを「持つ」ことができる、というものです。

私はこのうち「なる」ことを非常に重要視しています。

人は往々にして、「ダイエットで10キロやせたい」とか「お金持ちになりたい」などといった「持つ」ということにフォーカスしがちです。そして、そのために減量に励んだり、そのときの勢いで商売をはじめたりして、非常に苦労をしています。

この方々は「する」ことだけにフォーカスを当てていて、ダイエットをした結果、どうなりたいのか？　お金を得た結果、どうなりたいのか？　をまったく考えていません。


就職活動も同じです。

私に相談に来る方に多いのが、理想の会社を追い求めてエントリーし、説明会に参加して、自己ＰＲと志望動機を作り、面接に挑む。その結果、落ちてばかり……というパターンです。しかし、人によっては、就職氷河期の時代においても内定を得まくっている方も少なからずいます。

この違いは、どこから生じるのでしょうか？

それは**「なる」ことにフォーカスを当てているか、そうではないか**の違いです。

どんなジャンルにも当てはまりますが、就職活動で成功するためには、どんな人間であるべきなのか、という「なる」のところが非常に重要な問題なのです。

つまりは、「する」という戦略や技術ではなく、「どんな人間でありたい」のか、という「なる」の部分をまず決めないと、「する」というテクニックがきちんと働かずに「持つ」ことができません。

ゆえに「なる」→「する」→「持つ」の順番が、絶対なのです。

よってまずは、あなたがなりたい社会人の姿を、つねにありありと微に入り細にわたりイメージすることが欠かせません。

「なりたい姿」を見つけるヒント

いきなりイメージしろと言われても、手がかりが少し乏しいでしょうから、イメージのヒントを見つけていきましょう。

79ページの質問に、ノートに書いて答えてみてください。

ここでやってはいけないのは、「これはまずいだろう」と思って、書くことをやめてしまうことです。ないものねだりでOKですので、とりあえずは書いてみましょう。

さあ、文字情報での資料が揃いました。あなたのなりたい社会人の姿をイメージしましょう。静かな場所で目を閉じて、「私の理想とする社会人の姿とは、何だろう?」と、頭の中でイメージします。

イメージしたあなたはどこにいるでしょうか? 周りに見えるものや、そこにいる人は誰でしょうか。そこであなたは何をしていますか。忙しいですか。

周りからどんな音が聞こえていますか? にぎやかですか。それとも静かですか。どんな声があなたに聞こえて、それは何と言っていますか。

あなたは室内にいますか。それとも外にいますか。暖かい場所ですか。それとも寒い場所ですか。

その仕事をしているあなたの気分はいかがですか? 楽しい。ワクワクしている。使命感。英雄の気分。

たくさんのイメージが出てきたと思います。これらを一つひとつノートに書いて記録しておきましょう。

あなたの理想の社会人の姿を見つけよう

❶あなたが理想としている仕事は何でしょうか？

業界・職種を問わず、あなたがやりたい仕事をしている様子を、できるだけ具体的な活動内容とともに羅列してください。「新規事業が軌道に乗るための仕組みを作っている」「上司の前でプレゼンをしている」「新製品のアイデアを部屋の中で生み出している」「外国の有力者と交渉をしている」「新技術の研究開発のために実験を行なっている」「子供たちのお手伝いをしている」など。

❷あなたが過去にやってみたいと思いながら、結局はできなかったことは何ですか？

その当時はとてもやりたいことだったのに、家庭の都合、経済的事情などでやむなく諦めてしまったことはないでしょうか。「日本画の勉強をしたかったけど、仕方なく法学部に入った」「ピアノを続けたかったけど、大学受験で諦めた」「アメリカに行く機会があったけど、お金がないので行けなかった」など。

❸②がやりたいと思った理由と、それができなかった理由も併せて書いてください。

もし、これができていたら、どのような人生になっていたのだろう。または、これができなかったおかげで、できるようになったことは何だろう。これらのことを考えて、その当時の感情を味わいながら、書いていきましょう。

❹①～③を踏まえて、あなたが働きたい場所や労働環境は何ですか？

理想とする勤務地や、仕事をする環境を羅列していきましょう。「大都会の真ん中でたくさんの人に会いながら」「農村で静かに」「センスのいい内装のオフィスで少人数で」「自宅の一室を事務所にして」「カッコいいスーツで決めて」「家の近くに職場がある」「近くに TSUTAYA がある」「フレックス制」など。

❺あなたの仕事によって、どんな人にどのような利益を与えたいでしょうか？

業界や職種を問わず書いていきましょう。「子供たちに夢を与えたい」「お年寄りが幸せに生活できるようにしたい」「日本に住む人たちの安全を支援したい」「生活文化の向上を演出したい」など。

出てこなかった方も、悲観することはまったくありません。実際に働いている人のイメージを増やすため、外へ出ましょう。世間で言われる「会社訪問」をするのです。

実際に働いている人を間近に見ることは、働く自分の姿をイメージするための非常に有効な資料になります。さらには、その会社は自分が働くのに適しているのかどうかを判断することができます。世間的には人気のある会社でも、実際に行って幻滅したというケースがたくさんあります。学生のうちから、こういう経験をしていくことによって、あなたに合う会社を見つける精度を高めていきます。

「新卒の就職活動の一環として、会社訪問をさせてください」と会社側に申し出ると、高い確率で日程をセッティングしていただけます。これを利用して、たくさんの業界の仕事をしている風景を見ていきましょう。

会社訪問には〝女性のセンサー〟を活かす

ここで、会社訪問についてひとつアドバイスをさせていただきます。

もしあなたが男子学生なら、会社訪問は、できれば（もちろん就職活動中の）女性同伴で訪問するか、その会社をすでに訪問した女性から話を聞いてみてください。

そう申しますのは、男性と女性では機能に差があるからです。

男性は目標に対して一直線に進む性質を持っています。一度「これ」という目標を定めると、それに関係のない情報はすべて遮断してしまい、結果として得られる情報が限られてしまいます。

翻って女性は、本能的に身の安全を守ることを最優先として、少しでも危険を察知できるように全身に感知センサーを持っています。よって、体の至るところから情報を得ることができるので、その情報量は膨大なものです。物事を決めることや行動のための準備に男性より時間がかかりますが、それは膨大な情報量から判断するための処理時間なのです。よって、女性がよく言う「なんとなく、やだ」の「なんとなく」は、非常に重要な意味を持っています。その「なんとなく」の中にたくさんの情報が詰め込まれているのです。男性はその「なんとなく」の要素を分解して、理論的に判断していきます。

同じ場所に行っても、膨大な情報量が得られる女性の話を聞いて、より質の高い会社訪問を実現しましょう。

私も電気工学専攻の分際でルイ・ヴィトンやＣＯＡＣＨから、博報堂や東北新社から、サンリオや楽天、サカタのタネやニチロなど、３００社以上を訪問させていただきました。

こんなに素晴らしい機会は新卒の就職活動以外ではあり得ません。社会人になったら、機密漏洩の見地から、会社訪問をさせていただけません。たくさんの会社を訪問し、そこで働いている方々の姿をあなた自身に重ね合わせて、イメージをより鮮明にしていきましょう。

その上で、この質問をします。

「あなたはどのような社会人になりたいのですか？」

この質問の回答で、あなたの理想とする社会人のイメージをはっきりさせましょう。

この項ではじめにお伝えした、「なる」にあたります。あなたの理想とする社会人像を明確にしていきましょう。これによって、あなたの就職活動におけるゴールがより明確になっていきますし、内定をグッと近くに引き寄せることができます。

あなたの理想に近い会社の探し方

これまで私があなたにしてきた質問によって、あなたは「私に合っていそうなのは、この仕事かな」と、ある程度の見当がついてきたと思います。これから、それが実現する会社を見つける作業のやり方を述べます。

就職活動の相談に2万数千件応じてきて、私が最も強く感じるのは、**ほとんどの就活生が「知名度や世間的な評判で会社を選んでいる」「知っている会社の数が少なすぎる」**ということです。学生の立場からすれば、これは仕方がありません。これまでの人生で当事者意識を持って「会社」ということを考えてきたことがないためです。よって、テレビや新聞などメディアでのインパクトが強い会社しか、学生は知らないのです。

実際のところ、学生による就職希望ランキングは、非常にマユツバものです。なぜなら、常に上位に入る会社の中に、過半数が3年以内に辞めてしまうところがいくつかあるからです（会社の戦略として、学生の印象を上げることに躍起になっているために起こる現象です）。こういうケースがあるので、皆さんには情報源をたくさん持って、それを取捨選択できる眼を持ってほしいと思っていますし、私の就活コンサルティングでは、「いかに情報源を持つか」に最も注力しています。

特に最近は、大手ナビサイトに掲載される企業の数が減少傾向にあります。どれくらいなのかといえば、２００8年卒が約2万１０００社だったのに対して、２０１3年卒は約1万社と、約半分になっているのです。

そこで就活生の皆さんにとって大事なことは、**大手ナビサイト以外で企業と出会う方法を持つ**ということです。

これまでの就活生の90％以上は、「リクナビ」「マイナビ」「日経就職ナビ」「学情ナビ」といった大手ナビサイトだけに依存して新卒採用情報を入手していました。

しかし、大手ナビサイトへの掲載を止める企業が増えている以上、これらの大手ナビサイトだけに頼るのは、とても危険なことです。大手ナビサイト以外で優良企業と出会う方法を知り、活用することによって、就職活動の質を高めていきましょう。

①中堅ナビサイトから企業に出会う

大手ナビサイトへの掲載を見送った企業は、採用活動の軸足をどこに置いたのでしょうか？　最も多いのは、**中堅ナビサイト**です。

大手ナビサイトの掲載を見送る理由のひとつは、掲載料の高さにあります。まず、掲載するだけで200～300万円請求されます。そして、「検索されると上位に掲載される」などのオプションプランを加えると、軽く数千万円かかるのです。

たしかに、数千万円も投資をしますと、プレエントリーをする学生はたくさん集まります。しかし、企業が本当に欲しい、本気で志望している学生やその企業の採用基準に適った優秀な学生に出会えないというケースがあるのです。

「本気でウチを志望している学生に会いたい」「本当に優秀な学生に会いたい」ということで、大手ナビサイトの掲載を見送り、まずは中堅規模のナビサイトに掲載するのです。

「行きたい企業」と「欲しい人材」が出会いやすい

では、中堅規模のナビサイトの利点は何でしょうか？　その最たる理由は、属性が明確になっているということです。

たとえば、「パッション業界 就職ナビ」（http://www.passion-navi.com/）というナビサイトがあります。これは新卒を募集しているベンチャー企業専門のナビサイトです。このサイトに多く集まるのは、ベンチャー企業を志望する就活生と、ベンチャー企業が欲している人物像を兼ね備えた就活生だけですから、ベンチャー志望の学生には、大手ナビサイトに掲載するよりも出会いやすいのです。

就活生にとっては、**大手ナビサイトでは埋もれてしまっている、または、掲載されていない優良ベンチャー企業に確実に出会える機会となる**わけです。

パッション業界 就職ナビについては、次のような話もあります。

某有名ＩＴ企業は、1億円近く使って、大手ナビサイトに新卒の採用情報を掲載していました。エントリー者は万単位でたくさん来るものの、この企業が本当に欲している就活生にまったく出会えずにいました。

実はこの企業は、ベンチャースピリットを持った学生を欲していたのです。

そんなときに、ある採用コンサルタントが、この企業にパッション業界 就職ナビを紹介します。「御社が欲している人物像に合致した学生がたくさん集まっていますよ」と。

実際に、このナビサイトに集まる学生はベンチャースピリットを持った学生ばかりです。

その結果、エントリーした就活生の数は激減したものの、本当に欲している就活生に出会うことができました。さらには、採用にかかる費用を大きく節約できました。

こんな話もあるので、有名企業なのに大手ナビサイトに情報が掲載されていない場合、パッション業界 就職ナビなどの中堅ナビサイトもしっかりチェックをしましょう。

他にも、ウェディング業界専門の「ウェディングエミィ」（http://emmy.wedding-job.com/）のような業界ごとのナビサイトであったり、「Qナビ」（http://ok-qnavi.jp/）のように沖縄県限定といった地域限定のナビサイトもあります。

次ページ以降に主なものを掲載します。ここから志望に合ったナビサイトに登録して、大手ナビサイトでは見つからない優良企業に出会いましょう。

EcoJob（環境分野）http://www.ecojob.com/

第一次産業ネット（農業、林業、漁業専門ナビサイト）http://www.sangyo.net/

アパレルナビ（ファッション・アパレル業界）http://www.apr.co.jp/

ブランドキャリアジュニア（ファッション・アパレル業界）http://www.bc-j.com/

HOTERES（ホテル業界）http://www.hotel-ya.com/

ウェディングエミィ（ウェディング業界）http://emmy.wedding-job.com/

世界を変える就職ナビ（国際協力）http://www.sekanavi.jp/

福祉のお仕事 http://www.fukushi-work.jp/

福祉の仕事 http://www.294job.com/

マスナビ（マスコミ業界）http://www.massnavi.com/

出版.COM（出版業界）http://www.syuppannavi.com/

トラベルビジョン（旅行業界）http://www.travelvision.jp/

トラベルジャーナル（旅行業界）http://www.tjnet.co.jp/

アスリート就職ナビ（体育会系）https://www.asupura.com/

体育会ナビ（体育会系）http://taiikukai.net/

スポジョブ（スポーツ業界）http://spjob.jp/

CINRA（クリエイティブ）http://www.cinra.net/job/

クリ博ナビ（クリエイティブ）http://www.kurihaku.jp/

クリエイティブヴィレッジ（クリエイティブ）http://www.creativevillage.ne.jp/

グローバルリーダー（外国人留学生、海外の大学生）
http://www.globalleadernavi.com/jp/

留学生・外国人就職の専門サイト http://www.f-recruit.com/

ワークスジャパングローバル（外国人留学生、海外の大学生）
http://www.global.worksjapan.co.jp/

こんなにある！　主な中堅ナビサイト

千葉キャリ（千葉県専門ナビサイト）http://www.chibacari.com/

埼玉就職ドットコム（埼玉県専門ナビサイト）http://www.syushoku.com/

にいがた就職応援団（新潟県専門ナビサイト）http://www.niigata-job.ne.jp/

新卒のかんづめ（静岡県専門ナビサイト）http://shinsotsu.at-s.com/

ＳＪＣナビ（静岡県専門ナビサイト）http://sjcnavi.com/

名大社（愛知県・岐阜県・三重県専門ナビサイト）http://www.meidaisha.co.jp/

働くなら、福井（福井県専門ナビサイト）http://www.hatarakunara-fukui.jp/

京のまち企業訪問（京都市専門ナビサイト）http://www5.city.kyoto.jp/kigyo/

ＵＩわかやま就職ガイド（和歌山県専門ナビサイト）http://www.wakayama-uiturn.jp/

株式会社シーズ（岡山県・広島県・香川県専門ナビサイト）http://www.okajob.com/

［高知の企業］就職ナビ（高知県専門ナビサイト）http://www.kenjin.ne.jp/2100.asp

さが就活ナビ（佐賀県専門ナビサイト）http://shukatsu.saga-s.co.jp/

Ｄｅｂｕｔ（熊本県専門ナビサイト）http://www.kumamoto-keizai.co.jp/debut/

Ｑナビ（沖縄県専門ナビサイト）http://ok-qnavi.jp/

就活ラボ https://www.ac-lab.jp/

理系ナビ http://www.rikeinavi.com/

ジョブラス　http://gakusei.jobrass.com/

ジョブウェイ（中小企業）http://www.jobway.jp/member/index.php

ビズキャン（中小企業、ベンチャー）http://www.bizcampus.jp/

パッション業界 就職ナビ（ベンチャー）http://www.passion-navi.com/

ベンチャー通信就職ナビ（ベンチャー）http://www.vt-navi.com/

シープラエージェント（ＩＴ業界）http://agentcpla.com/

キャリアハック（ＷＥＢ・ＩＴ・ゲーム業界）http://careerhack.en-japan.com/

グリーン天職バイブル（環境・ＣＳＲ）http://www.alterna.co.jp/greenbible

②学内で企業に出会う

大手ナビサイトへの掲載を見送った企業が、意識的に力を入れていることの2つ目は、**直接、学校に出向く**ことです。職員の方や担当の先生と頻繁に会って情報交換をしたり、学生とリアルに会って、欲しい学生を直接スカウトしたりしているのです。こうした動きに、就活生の皆さんが応えない手はありません。

まず、**学校に届けられる求人票**に注目しましょう。積極的な企業は毎月送りますが、定期的にではないにしても、少なくとも1回は学校に送付しています。

これを知ったあなたが、キャリアセンター（就職課）の方と仲よくなれば、最新の求人票の情報を、優先的に教えてもらうことができます。「新しい求人票は来ましたか？」と聞くと、教えていただけるのです。

求人票を送るということは、企業にとっては「あなたの学校の学生が欲しいです」とラブレターを出すようなものです。これに応えられるように、学校の方と密に連絡を取り合って、大手ナビサイトに掲載されていない最新の情報を入手しましょう。

学内で開催される合同企業説明会も重要です。

企業の方がわざわざ学校まで出向き、自社について、直接、説明してくださるのですから、これほどありがたいものはありません。

学内の合同企業説明会の利点は、**就活生と企業の方との対話の時間が、割合長く割ける**ということです。

一般的な企業説明会では、参加者が多いため、企業の方が一方的に話すだけで、就活生から意見を伝えたり、質問できる機会はあまりありません。これに対して、学内の合同企業説明会では、学生数が少ないので、就活生側の質問にほぼ１００％答えてくれます。

企業側はここを狙っています。

会社説明会ではできなかった「就活生との深いレベルでの対話」が、学内の合同企業説明会で実現されるので、企業の方々は積極的に参加しているのです。

対話がうまくいけば、次のようなことが起こります。私がサポートしたある就活生の実例です。

学内の合同企業説明会で意気投合し、話が弾みました。その後、企業側から「明後日に面接があります。お出でください」と連絡が来ました。連絡の通りに会場に行き、面接を受けました。

実はこの面接は、その企業の3次面接だったのです。**筆記や1次、2次面接をパスして、いきなり3次面接に進出できた**というわけです。

この方は、そのまま面接を通過して、その企業から内定を獲得しました。

これは学内の合同企業説明会に参加する企業の方が、採用に関して権限を持っていることが往々にしてあるということです。これも学内の合同企業説明会の魅力のひとつと言えるでしょう。

以上、2つの有力な方法が学内にありますので、キャリアセンターの方と仲よくすることは、就職活動を有利に進める上で、とても重要なことです。

③新聞から企業に出会う

新聞は優良企業に出会うために必須のメディアです。就職活動に特に役立つ新聞は、次の通りです。

・日本経済新聞
・日経産業新聞⬇製造業をはじめ、各種産業に強い
・日経ＭＪ（日経流通新聞）⬇流通、小売、物流、食品などに強い
・日経ヴェリタス⬇金融に強い
・フジサンケイビジネスアイ⬇中小企業、ベンチャーに強い

・日刊工業新聞➡製造業に強い
・繊研新聞、電波新聞などの業界専門紙

日経新聞は毎日読む

日本経済新聞は、毎日読みましょう。

さらに余裕があれば、日経産業新聞、日経ＭＪ（日経流通新聞）もお薦めします（志望業界が掲載されていれば必読です）。ちなみに大学・大学院在学時の私は、この４紙（日経ヴェリタスは当時、日経金融新聞）に朝日・読売・毎日・産経・東京・日本工業（現・フジサンケイビジネスアイ）を、大学の図書館で欠かさず読んでいました。

日本経済新聞は経済新聞の特徴から、他の全国紙に比べて**登場する会社名の数が圧倒的に多い**のです。特に企業欄、中小企業欄、投資欄は精読しましょう。

日経産業新聞はさらに専門化されていて、各業界におけるより詳しいニュースがたくさん載っています。

日経ＭＪ（日経流通新聞）には、流通や小売などのサービス業界・食品業界に特化した記事が、日経ヴェリタスには金融関係に特化した記事がたくさん掲載されています。

新聞で興味を持った会社をさらに調べる

それぞれの新聞を最初から最後まで精読して、「あの会社は、こういうものを作っているんだ」「この会社のサービスはいいねぇ」など、ピンと来た記事に記載されている会社をメモしましょう。そして、メモをした会社のホームページや、その会社の記事が掲載されている雑誌、ナビサイトなどを見て、詳しく調べます。

さらに興味が湧いたら、会社訪問やＯＢ訪問もしましょう。私はこの方法を使って、３００社以上を訪問しました。

その会社の商品が、スーパーやコンビニなど世間一般に流通しているものでしたら、すぐに購入し、それについて感想を述べられるようにしておくことも、忘れないでください。

④雑誌、本から企業に出会う

雑誌を見ることも、とても大事です。2章までのワークであなたが答えた内容を念頭において、一つひとつのページを見ていき、その中でピンと来た会社を詳しく調べていきましょう。

まずは、「ダイヤモンドZAi」のような株式投資情報誌をチェックしましょう。

こういった雑誌には、たくさんの上場企業が取り上げられ、「○○社は環境事業に力を入れているから、株価が上がるかもしれない」といったような「その会社が将来に大きな収益を上げる可能性」が書かれています。その上昇しそうな要因を意識的に探して、あなた自身の考えと一致する会社を見つけていきましょう。

上場企業とはいえ、投資家以外の知名度がほとんどない優良企業もたくさんあります。こういった会社に目をつけて、あなたの志望する会社を増やしていくのです。

業界ごとで採用情報誌を発行しているケースもあります。

ＣＡなどの航空業界なら「月刊エアステージ」、飲食業界は「グルメキャリー」、国際協力関係は「国際開発ジャーナル」など。該当する業界を志望している方は必読ですが、そうでない方も、業界や会社についての知識を深めるために、一冊は購入して読んでみることをお薦めします。

私が注目している雑誌は「オルタナ」です。この雑誌は、会社の理念やＣＳＲに特化しています。よって、志の高い会社がたくさん取り上げられているのです。ここで掲載された会社から、あなたの志とマッチする会社を見つけることも、志望する会社を探すためのよい方法です。

転職情報誌もお薦めです。私が実際に利用したのは「エンジニアｔｙｐｅ」といった転職情報誌です（これは現在、「リクナビＮＥＸＴ」や「ＤＯＤＡ」といったＷｅｂ媒体が取って代わっています）。転職情報雑誌・転職サイトの求人記事には、その会社がすぐにでも欲しいと思っている人物像のスキルや技術が掲載されています。それを知った上で面接に臨むと、特に人事部の面接官に対しての印象が上がります。

「業界地図」で基本知識を押さえる

本も読みましょう。業界のことを知る最も早い方法は、本を読むことです。本に書いてあることは体系化されていて、わかりやすいのです。本を読んで業界のことを知った後に、会社訪問やOB訪問をしましょう。

まず読んでおきたいのは、一般に「業界地図」と言われる本です。一橋総合研究所刊『業界地図最新ダイジェスト』、東洋経済新報社刊『「会社四季報」業界地図』、日本経済新聞社刊『日経業界地図』といったものです。これらは業界特有の情報や有力企業が、図解で非常にわかりやすく紹介されています。主な3冊を紹介しましたが、見やすいものを1冊選択して買いましょう。

他にお薦めしているのは、次の2冊です。

『日経シェア調査』と『日経MJトレンド情報源』です。

『日経シェア調査』は、日経産業新聞が編集したもので、各種産業や工業製品のトップシェアの企業が、ランキング形式で紹介されています。皆さんの興味を惹くジャンルのトップシェアの企業が一発でわかるのです。

ここにランクインしている会社の中には、世間ではまったく知られていない会社もたくさんあります。こういった会社ほど競争倍率が低いので、内定を獲得しやすいのです。

売上と人気のギャップに着目せよ

『日経MJトレンド情報源』は、日経MJ（流通新聞）が編集したもので、流通や小売、販売、それに関連する商社のランキングが掲載されています。

この本で注目したいのは、食品を扱う商社の売上ランキングです。

食品を扱う商社は三菱食品、日本アクセス、国分以下、売上20位までの企業に人気が集中していますが、それ以下のランクの会社には、それほど多くの応募がありません。ここに着目して、「私がランクを上げます」と企業側にアプローチすると、企業側の印象が格段によくなり、内定が獲得しやすいのです。

私のところに来られる女子学生のほとんどは、志望順位は関係なく、食品関係の商社を受験しています。以上の方法で受験することによって、多くの方が内定を獲得していきました。

倒産しない会社の見つけ方

就職課（キャリアセンター）で配布されるフリーペーパーも見逃せません。特にお薦めは、「A-label」です。

「A-label」は、東京商工リサーチが発行しているフリーペーパーです。

東京商工リサーチとは、倒産した会社について集計・発表を行なっている会社でして、いわば「倒産のプロ」です。この「倒産のプロ」が、「この会社は倒産しない」と自信を持って紹介しているフリーペーパーが「A-label」なのです。安定した企業を意識しているのでしたら、「A-label」は、有力な情報源になります。

⑤展示会から企業に出会う

外へ出て、街を細かく見てみるのも効果的です。

街にはいろいろなものがあって、それらすべてに、作った会社が必ずあります。「これはどこの会社が作ったのだろう」と見ていくと、裏側に会社名を記載しているものが結構あります。たとえば、信号機や踏切。ここに記載された会社や、その市場について調べましょう。すると、数社で寡占状態となっている超安定企業だとか、これから急成長する市場であることがわかってきます。

展示会に行くことも、お薦めしたい方法です。ある程度、業界を絞り込んでいる方にとって、展示会は企業情報の宝庫です。

展示会に行くべき2つの理由

その一番の理由は、**現場の社員と話ができること**です。

合同説明会などのイベントに登場するのは、おもに人事の採用担当の方ですので、最前線の現場からは少し離れています。しかし、これが展示会となると、目的は商談、ビジネスのさらなる発展ですので、ブースに現れるのは、最前線の現場の社員です。彼らはきちんと事情を話せば、応じてくれますので、説明会では知ることのできない情報を教えていただけます。

二番目は、**その会社の最新の商品やサービスに直接触れることができる**ためです。

B to Cはともかく、B to B（業務用）の商品やサービスを世間一般の人たちが触れられるのは、見本市だけです。これらのものに直に触れ、そのときの感覚で志望の可否を判断することができます。

これを上手に利用したのが、村田製作所の自転車乗りロボット「ムラタセイサク君」です。社のイメージアップに大きく寄与しました。私も「ＣＥＡＴＥＣ」という展示会で生の動くムラタセイサク君を見ましたが、すべて自社製品でまかなって、バランスよく自転車に乗れるロボットを作ったのは、すごいと思いました。

展示会から内定を獲得した事例もたくさんあります。特に多いのは、毎年12月に開催される「エコプロダクツ」です。

エコプロダクツには、エコや環境にまつわる事業を行なっている企業が全国から集まります。実は、エコ関連の会社は、９割方ベンチャーや中小企業です。ということは、社長自らがブースの先頭に立って、自社の売り込みを行なっていることが多いのです。

ここに着目します。

商品やサービスに興味を惹く会社があれば、そのブースでひと通りの説明を受けましょう。その後、自分が就活中の学生である、という事情を話します。対応はさまざまですが、たまたま話しかけた方が社長、または人事権を持っている方なら、採用についての詳しい話をしていただけます。ここで詳しく話し込んで、社長や人事権を持つ方と仲よくなります。そして、面接を受けて、あっさりと内定を獲得できるのです。

例に挙げたエコプロダクツの他、欠かせない重要な展示会は次ページの通りです。

行ってみよう！　展示会

ベンチャーフェアジャパン（ベンチャー企業の展示会。2月頃開催）

健康博覧会（健康食品や健康器具の展示会。3月頃開催）

ファベックス（食品関連商品の展示会。4月頃開催）

旅フェア（旅行業界や自治体の観光局の展示会。11月頃開催）

人とくるまのテクノロジー展（自動車業界の展示会。5月頃開催）

インターフェックスジャパン（医薬品の展示会。7月頃開催）

自治体総合フェア（地方自治体の展示会。公務員志望者は必見。5月頃開催）

東京国際ブックフェア（本の展示会。出版希望者は必見。7月頃開催）

国際文具・紙製品展（文房具の展示会。7月頃開催）

CEATEC（アジア最大のエレクトロニクス製品の展示会。10月頃開催）

中小企業総合展（中小企業の展示会。10月頃開催）

エコプロダクツ（エコや環境対策に特化した展示会。12月頃開催）

これらの情報を得るためには、「j-Net21」の主要展示会カレンダー（http://j-net21.smrj.go.jp/watch/eventcalender/）から知ることが、ひとつ。もうひとつは、東京ビッグサイト（http://www.bigsight.jp/）、幕張メッセ（http://www.m-messe.co.jp/）、パシフィコ横浜（http://www.pacifico.co.jp/）などの大規模な展示場のサイトを1ヶ月に一度はチェックをすることが大事です。それぞれの展示場のサイトをチェックして、志望する業界の展示会が開催されたら、ぜひ、行ってみましょう。

⑥合同企業説明会から出会う

企業と出会う方法として、もうひとつ、学外の合同企業説明会（合説）があります。しかし、これは取扱注意です。それは、**行ってもいいものと行ってはいけないもの**とがあるのです。

どうやって見分けるのか？　それは出展している企業の名前から判断できます。

いくつかの大規模な合同企業説明会の出展している企業のリスト（これは事前にWebで確認できます）を見ると、有名企業がずらっと並んでいます。こういった企業は、本番の合同企業説明会でも、立見が出るほどの大盛況ぶりです。

そもそも、こうした人気企業には数千、数万のエントリー者がナビサイト経由でやってきます。

それなら、どうして合同企業説明会に出展しているのでしょうか?

結論から申しますと、**これら有名企業は、ナビサイトからでも十分に人は集まるので、合同企業説明会から就活生を採用する気はまったくありません。**

使える合説・使えない合説

では、何のために出展しているのか? それは、**学生をターゲットにしたCMのため**です。「うちの製品をもっとたくさん使ってくださいね」という感じで、学生向けにポジティブなイメージをインストールするために出展しているのです。

特に積極的なのが銀行と証券会社です。

彼らが狙っているのは、就活生の皆さんが入社した後の初任給です。「初任給を振り込む口座は、うちの銀行にしてね」というのが、本当のメッセージなのです。このメッセージを込めて、彼らは学生に説明(宣伝)をしています。

特に有名企業の場合に該当しますが、合同企業説明会で話される内容は、会社案内やW

ｅｂにすでに書かれています。合同企業説明会に参加しないと採用試験を受けることができない、という底意地の悪い企業はありませんので、有名企業がずらっと並ぶ合同企業説明会には、行かないほうが賢明です。

実は私は、このような合同企業説明会にスタッフとして参加したことがあります。場所は幕張メッセ。新聞発表によると約５０００名の就活生が入場しました。強い雨と風が吹き荒れる中、入場待ちの列でプラカードを持って、「最後尾はここで～す！」とシャウトし続けました。

途中で入場規制が敷かれるほど、勢いよくやってくる入場希望者。入場待ちの列が、どんどん長くなります。

あと数十メートルで海浜幕張駅に到達するところまで列が伸び、「こんなに人が来るのか！」と、ビックリしたことをよーく覚えています。

これだけの人数になると、どのブースも立見が出るほどの盛況ぶりですし、ブースの席を獲得するための椅子取りゲームも、熾烈極まりないものになっていました。

ただ疲れるだけで、内定につながる収穫は何もありません。

それなら、あらかじめ出展社リストをＷｅｂで確認して、興味を惹いた企業を数社絞って、その企業をＷｅｂ等で自宅から独自に研究したほうが、健全ですし、疲れません。

それでは、行ってもよい合同説明会とは何でしょうか？

それは出展している企業が、その合同企業説明会をきっかけにして、就活生を採用しようとする意欲が高いものです。

私は仕事柄、いろいろな合同企業説明会を手伝ってきましたが、就活生の入場者数と合同企業説明会に出展している企業の採用意欲とが反比例している感じがしています。つまり、**入場者数が多い合同企業説明会ほど、企業の採用意欲が薄い**のです。よって、入場者数がそれほど多くない合同企業説明会に行くことをお薦めします。

規模の小さい合同企業説明会ほど、企業との対話に割合長く時間を割くことができ、その分、Ｗｅｂや会社案内に掲載されていない情報（内定獲得に直結した情報）を入手することができるのです。

さらには、意気投合して、その場で面接のスケジュールを組んでもらえることも、頻繁にあります。これは大きなチャンスです。それは、筆記試験などが省略できるほどの人物像が見込まれた、ということです。こういう大きなチャンスをつかみやすいのも、こういった行ってもよい合同企業説明会の特徴です。

それでは、具体的にどのような合同企業説明会に行けばいいのでしょうか？

私が特にお薦めしたいのは、

・自治体や商工会議所が主催するもの
・大学生協が主催するもの（http://www.withnavi.org/job/module/index.php http://syuukatsu.jp/slfront/）
・まなんで倶楽部が主催するもの（http://www.manande.com/）

です。これらは、出展企業の採用意欲が高く、他の就活生よりも1歩も2歩も内定獲得に近づきやすいのです。

最後に、合同企業説明会の情報がすべて紹介されているサイトを紹介します。「合説どっとこむ」（http://gosetsu.com/）です。

ここには、全国の合同企業説明会の開催情報が、すべて紹介されています。ここで皆さんの住んでいる場所や日程を見て、参加できる合同企業説明会があれば、積極的に参加しましょう。

合同企業説明会で内定獲得をより近づけるテクニックについては、5章でお伝えします。

⑦人材紹介会社から出会う

新卒の採用で、これから比率が増えていくのは、人材紹介会社を利用したものです。転職、中途採用ではすでに一般的ですが、新卒の方にはなじみがないでしょう。どういうものか、簡単に説明します。

人材紹介会社とは、厚生労働大臣の認可を受けた〝職業紹介会社〟です。就職を希望する際に、人材紹介会社に行くと、あなたの強みや適性を総合的に判断して、最も適した企業を紹介していただける、というものです。企業からの紹介を受けるための費用はゼロ。無料なのです。人材紹介会社を利用する皆さんには、一切のリスクがありませんから、積極的に利用しましょう。

企業側にも、利点があります。

有名企業が新卒の採用にかける費用は、ひとり当たり約３００万円です。人材紹介会社を利用しますと、ひとり当たり、文系で約50万円、理系で約80万円と、大幅に経費を削減することができる、という利点があるのです。


就活生から見た利点は、次の通りです。

①強みや適性を総合的に判断し、最も適した企業へ紹介してもらえる
②機密事項が完全に守られるので、安心して就職活動ができる
③ナビサイトなどで公開されていない求人情報を得ることができる
④応募する企業について、求めている人物像や経営についての詳細な情報が得られる

就活生にとっては、メリットしかありません。

人材紹介会社は、就活生の皆さんを企業に採用していただかないと、1円の売上も上がりません。よって、人材紹介会社は一生懸命に皆さんのために仕事を探してくれる、非常にありがたい存在なのです。

私がサポートしていた就活生で、なかなか内定を得られなかった方も、人材紹介会社を利用することによって、続々と内定を獲得していきました。

ひとつだけ注意したいのは、できるだけ多くの人材紹介会社に早いうちに登録することです。それは、人材紹介会社の人気が出はじめているためです。

超スピード内定も可能

人材紹介会社を利用すると、無駄にエネルギーを使わなくて済む、という利点もあります。ナビサイトを使うケースなど、一般的な採用の流れが「書類審査→筆記→SPI→数回の面接」であるのに対して、人材紹介会社の場合、「筆記」を省略して、少ない回数の面接で終了します。

私が関わった就活生は、超有名食品商社の紹介を受けました。この企業は通常、書類審査に筆記試験、そして4〜6回の面接を課すのですが、その方は、人材紹介会社からの紹介を受けて、なんと、1度の面接であっさりと内定を獲得しました（面接対策として、私のセミナーを受講して準備していたことも、内定につながった要因です）。こういう奇跡的なことが起こるのも、人材紹介会社ならではの特徴です。

具体的にどこの人材紹介会社に登録すればいいのでしょうか？　地域ごとに特化したものもありますので、ここでは全国規模のものを挙げます。

おもな人材紹介会社

株式会社DYM	http://kibun.org/
就職エージェント neo	http://s-agent.jp/
マイナビ新卒紹介	http://shinsotsu.mynavi-agent.jp/
株式会社アイゼスト	http://izest.co.jp
アイデムスマートエージェント	http://smartagent.jp/shinsotsu/
ディスコキャリアエージェント	http://www.discocareer.com/
thinktwice	http://www.thinktwice.co.jp/
なもなもキャリアサービス	https://www.namonamo.jp/
熱血！働き隊	http://www.nekketu-hatarakitai.com/

ここに挙げた人材紹介会社は、できればすべてに登録しましょう。登録をすれば必ず「紹介待ち」という状態になりますので、多くの紹介を受けるためには、多くの会社に登録する必要があります。

最後に、コンスタントに紹介を受けるためのテクニックをお伝えします。

それは、人材紹介会社からの連絡が来たら、すぐに返事を送ったり、面接を受けるなどの反応をすることです。これによって「○○さんは、すぐに返事をしてくれる」と、会社側からの信頼度を高めることができ、紹介の優先順位がどんどん上がっていきます。結果、思いがけない超有名企業や優良企業を紹介していただけるのです。

正しい企業研究のやり方

これまでお伝えしてきた方法によって、受験する会社の候補は、ある程度、絞られました。そうしたら次は、それぞれについて、企業研究をしましょう。

まずは大前提として、受験する会社の**社長の顔と名前と社是**を覚えましょう。これらをきちんと覚えないと、企業研究の質が落ちるとともに、書類で書く内容も面接で話す内容も内定につながるものになりません。これらを覚えたことを前提で、これから話を進めていきます。

企業研究は、自己分析と同様に終わりがありません。ある程度のところで、見切りをつけなければならないということです。私の場合、次の質問に答えられたら、企業研究は0

Kと伝えています。その質問は、次の通りです。

①その会社が同業他社より優れている点は？

②その会社が特に力を入れていることは何？

③その会社が本当に欲している人物像は？

④その会社の本当のお客様は誰か？

この4つの質問に論理的でわかりやすく答えることができれば、OKです。

それでは、これらの質問に回答できるようにするためにはどうすればいいのか、つまりは、正しい企業研究の方法は何なのか、についてお伝えしていきます。

まずは、本から知ることができます。

通称「業界研究本」です。日本実業出版社「よくわかる○○業界」、産学社「産業と会社研究シリーズ」、秀和システム「○○業界の動向とカラクリがよ～くわかる本」などを読み、業界全体について、基本的な理解をしましょう。

次は社長本、会社本です。その会社の創業者や社長、どこかの部署が本を出しているケースが、たくさんあります。有名なところでは、楽天の三木谷浩史さん、サイバーエージェントの藤田晋さんなど。ここで挙げたのは、超ビッグネームですが、意外なところからも本が出ています。埼玉県本庄市の工務店、横尾材木店の社長が著した『機を見て盛を見よ‼――100年成長企業への挑戦』、巣鴨信用金庫が著した『ホスピタリティ――CS向上をめざす巣鴨信用金庫の挑戦』です。こういったケースもありますので、創業者、社長、会社名をアマゾンなどで調べてみましょう。そして、本が出ていれば、すかさず購入して読み、企業研究をしていきましょう。

外に出ることも大事です。

受験する会社が店舗やショールームを持っていたら、できるだけ多くの店に行きましょう。ただ漫然と行くのではありません。店の現状をしっかりつかみ、長所と短所をしっかり見極め、そこから自分が社員だったら、この店をもっとよくするために何をすべきかを考えます。

コンビニエンスストアひとつ取っても、会社ごとで戦略はまったく違いますし、各店の品揃えにも違いがあります。ここをしっかりキャッチするのです。

有価証券報告書でチェックすべき情報

研究対象の企業が上場している場合、有価証券報告書（ＩＲ情報）は、必ず読みましょう。これは宝の山です。内定に直結した情報が、たくさん掲載されています。

有価証券報告書のすべてに目を通す必要はありませんが、特に読むべき項目は、いくつかあります。

まずは「**会社の事業内容**」です。ここはその会社が手がけている事業の内容が、会社案内よりも詳しく書かれています。

続いては「**業績等の概要**」「**セグメント情報**」です。これは事業別の売上や利益がまとめられている項目です。ここから、その会社がどこに力を入れているのか、どこが利益の源泉なのかが、一発でわかります。

特に注目すべきは「**対処すべき課題**」「**事業等のリスク**」という項目です。ここに書かれているのは、その会社がより発展するための課題ですが、皆さんにとっては、求められる人物像がそのまま書かれている、とも言えます。

たとえば、「弊社ではA事業が人気で現在の稼ぎ頭ですが、これからB事業も事業の柱になるよう進めていきます」と書かれている場合、就活生の大多数は人気のA事業のことを書類に書きます。これでは落ちてしまいます。ここで有価証券報告書に書かれた通り「B事業で貴社に貢献します」と書きますと、「企業研究をしているな」と感心され、より内定に近づけるのです。

その会社にとってのお金の流れを理解することも、重要です。

前述した人材紹介会社は、どこからお金をいただいているのでしょうか？　それは採用元の企業です。国内の主な自動車メーカー・重機メーカーは、売上の半分以上を国外で得ています。

お金をいただく元の会社に貢献をしないと、売上は1円も上がりません。

企業は売上を上げる人しか採用しませんから、その会社のお金をいただく元はどこなのかをきちんと把握して、お金をいただく元にどのような貢献ができるのかを述べられるようにしないといけません。

内定に直結するOB訪問の方法

OB訪問は、企業研究において、最も役立つ情報源です。私も第一志望だった業界の60名以上の方にお会いしました。「6割以上の学生はOB訪問をしていない」といわれていますが、これは非常にもったいないことです。新卒の就職活動という、せっかくの機会ですので、2つの目的を前提にして、OB訪問をしていきましょう。

そうは言っても、使い方を間違えて、まったくの無駄になってしまうことも多々あるので、次の2つの目的を念頭に置いて進めていきましょう。

①社会人と話す練習
②内定に直結する情報の入手

ＯＢ訪問の利点はまず、社会人と話せる、ということです。当たり前なのですが、これは非常に重要です。学生同士のコミュニケーションがいかにつたないものであったのかと痛感させられるでしょう。これだけでも大きく、面接を受ける前の事前学習にもなります。これに付随して、会話を通じて、社会人と話す上でのマナーや度胸が身につきます。

私はとにかくＯＢ訪問や会社訪問をしまくりましたので、会話におけるマナー、それよりも社会人と話す上での抵抗感がなくなったことが大きいです。

ＯＢに聞くべき正しい質問

だからといって、「土日も出勤するのですか？」「給料はいくらですか？」などのレベルで終わらせてはいけません。

こういった情報、つまりは内定を得た後の情報は、その会社に落ちてしまったら、まったく意味をなしません。ＯＢ訪問でつかむべきは、「内定を獲得するために必要な情報」ということを念頭に置き、質問をしていきます。

質問をするときは、仮説を立てると効果的です。企業研究であなたが得た情報は、いわ

ＯＢに聞いてみたい質問の例

❶ 同業他社より優れているところはどこか？

❷ 会社で特に力を入れている事業は何か？

❸ 会社の雰囲気はどんな感じか？

❹ どんな後輩と一緒に働きたいか？

❺ やりがいを感じるのは、どんなときか？

❻ 面接（採用試験）を通過する上でのアドバイスをください

ば仮説ですから、それを現役社員であるＯＢに確認してみるのです。

簡単なところでは「採用サイトの先輩の声として○○さんのインタビューが掲載されていました（実際にプリントアウトしてみせる）が、実際のところはどうなのでしょうか？」といった具合です。

⑥については、入社年度が最近であるほど（入社1年目なら最もよし）、有効な質問です。

さらに、可能なら、記入済みのエントリーシートを持参して、添削をお願いすることも、ぜひやりましょう。

企業研究をし、そこで得た結果をＯＢに確認してみる、この流れがしっかりできあがると、内定獲得の確率が飛躍的に上がります。

実は私は、企業研究とOB訪問にかなりの時間を割いていました。特に修士1年生の前期から夏休みは、研究そっちのけでほとんどの時間をOB訪問と会社訪問に費やしていました。このおかげで会社を見る目を養うことができ、本章で述べたような世間一般では知られていない優良企業にたくさん出会うことができました。

私の就職活動中には、「高田く〜ん！　○○のジャンルでよい会社知らない？」と、同級生から頻繁に聞かれました。もちろん私は「○○のジャンルなら、△△社だよ」と即答します。すると、同級生は素直に△△社を受験します。その会社はマニアックな会社ゆえ、受験者が少ないため、あっさりと内定を獲得していきます。それも私がまだ1社も内定を獲得できていないのに、です。こういったことが多々ありました。

志望業界が全滅したときの対処方法

志望業界で受けられる会社から全部落ちて、受けられる会社がなくなったら、無茶苦茶凹みますね。

私も就職活動中に実際に起こりました。どうしても行きたかったマスコミ業界で新卒採用を行なっている会社のほぼすべてを受けたのですが、最終面接かそのひとつ前の面接で落ちてしまい、結局、受験したすべての会社に落ちてしまいました。

これまでの人生にないくらい、とにかく凹みました。しかし、凹んだままで何も行動しない、というのは、就職活動で最もやってはいけないことです。とにかく何かしらの活動をしなければなりません。そのためには新しい志望企業を見つけなければなりません。

さぁ、どうすればいいのでしょうか？

まず、私はあなたにこの質問を投げかけます。

「そもそもあなたは、社会に対して、どのような貢献がしたいですか？」

2章の質問の回答が元になっているので、答えやすいと思います。私が就職活動をしていたときは「私が勉強してきた技術で、楽しく安全に生活できるようにしたい」と本気で考えていました。こういった感じのことを抽象的な表現で十分ですので、言葉にして表しましょう。

さらに質問をします。

「あなたの貢献が直接に影響を受けるのはどなたですか？」

これについては、ある程度鮮明にしてください。男性なのか、女性なのか。大人なのか、子供なのか。国内なのか、国外なのか、それとも埼玉県限定なのか。私の場合は「日本国内にいるすべての人」と考えていました。

そして、この質問です。

「入りたいと考えている会社に対して、あなたはどのような貢献ができますか？」

こういった貢献は、あなたの強みが会社を通して実現されます。よって、まずはあなたが会社に対して貢献できることを並べましょう。これができる、という確固たる根拠も、固有名詞や数字を交えて具体的に述べてください。

これらの質問によって、あなたの会社を探す前提ができました。これらの3つの質問の回答に応えられる会社が、あなたが積極的に行動することによって、自ずと現れます。ここではまず、あえて業界を絞らずに広い視野で会社を探していきましょう。

あらかじめ志望業界を決めている方は、さらにいくつかのワークを行なっていただきます。これは志望業界の選択肢を増やすためです。

かつての私を例にしまして、「放送業界のエンジニア」を基準として考えます。

ここであなたに質問を投げかけます。

「その仕事の特徴は何ですか？」

この回答を10個以上挙げましょう。

私が出した回答は、「全国」「普遍性」「安定した技術が求められる」「たくさんの人に影響を与える」「公共性」「生活の必需品」「研究が活かせる」「倒産する心配が少ない」「安全の追求」「そこそこよい給料」、です。

出てきた回答をそれぞれをじっと見つめて、ランダムに4～5個をピックアップし、この質問に答えてください。

「これが実現できる他の業界は何ですか？」

志望業界を決めている方々は、多かれ少なかれ、他の業界についても調べていると思います。ご自身で調べた結果から、この回答を導き出してください。そしてまた、4～5個をランダムにピックアップして、同じ質問を投げかけることを繰り返して、回答を出します。

私の場合、第一志望だった放送業界に全滅した後、無茶苦茶凹んでいる中、この質問を自分に投げかけました。このときは、「鉄道」「医療機器」「輸送用機械」という結果が出ました。そして、これに基づいた会社を約30社選択し、この中から受けた会社10社すべてから内定をいただきました。

4 章

「エントリーシート・履歴書が通過しない！」を解決する通過率100％の書類攻略法

書類が通過しないのは自己分析が足りないから

自己分析、企業探しと続きましたら、次はエントリーシートや履歴書など書類の作成です。これは就職活動において、とても重要なものですので、しっかり腰を据えて取り組みましょう。

「書類がまったく通らないんです！」と悲壮感たっぷりに相談されることがありますが、そうした方々の書類は、総じて「これでは通過しないな」と感じさせます。その理由と解決法をこの章で述べていきますが、端的に言えば、**自己分析が足りない**ということです。

このように申しますと「自己分析の何が足りないの？　私は何週間も自己分析にかけてきたのよ！」と逆ギレされることも多々あります。具体的に何が足りないのでしょうか？

①ボキャブラリーが足りない
②表現のレパートリーが足りない

以上の2つです。この2つを増強すれば、ＯＫなのです。

伝えようとする内容は同じだとしても、受験する会社によって、求める人物像が違います。よって、これに合わせて単語や表現を使い分けることで、書類の通過率は上がります。


広告業界の方にＯＢ訪問をしたときに教わったのが、「Sell the sizzle and not the steak」という、アメリカのことわざです。これは「ステーキを売るのではなく『シズル』を売れ」という意味です。この「シズル」とは「それが欲しくなるような雰囲気」という意味です。ステーキの場合、ジュージューと焼ける音であったり、焼けるときの肉汁の匂いであったり、肉を焼いているときに見えるもの、聞こえる音、体感する感覚が「シズル」です。

これを就職活動に置き換えると、売る相手は会社であり、ステーキの肉は就職活動を行なっているあなたです。そして、シズルを演出するものは、エントリーシートや履歴書です。つまり、エントリーシートや履歴書は、あなたが会社に「こいつを採用したい」と思わせる、とても重要な書類なのです。

企業が求める人材は「利益を生み出せる人」ですから、単刀直入に「入社したいです！」とアピールしても、会社側にメリットがなければ、ただのミーハーと見なされるだけです。自分の長所や過去の自慢話をするだけではなく、これらを通して「会社側に利益を生み出す人」と感じさせることができれば、会社はあなたにあっさりと内定を出します。

内定を多数取っている学生は、2章でお伝えしたような自己分析をきちんと行なって、それぞれの会社に対して貢献できることをきちんと述べています。あなたもそのような方になるためには、もうひとつ、ポイントを加えましょう。

それは、「私は他と違う学生だよ」と、他の就活生と差別化することです。これにはまず、本書の内容を理解した上で「どうすれば私は他との違いをアピールできるのだろう」と自分自身に質問します。そこから出てきた答えを精査して、自身のアピールポイントに加えましょう。

私がとったのは、次の方法です。

一般的な就活生は、自己PRや志望動機を作成する際に、差別化できるカッコいい文例を求めて、よく「就活本」から引用します。皆が就活本から引用するために、採用側は「またこれか」と、オリジナリティのなさにうんざりしていますし、そもそも、言葉と本人とが結びついていないわけですから、その学生たちを全員落とします。

そこで私は考えました。**引用するのは「就活本以外の本」からがよい**ということです。内容をそのまま引用してしまうと、文章と自分とがかけ離れ過ぎて、有効な文章にはなりません。しかし、その文章の考え方や言い回しを見本として、そこから自身の言葉に置き換えて表現すればいいのです。

具体的には、書類に書こうとしている内容と同じことで、過去に成功した方が書いた本です。本になるということは、その著者は出版されるまでにたくさんの艱難辛苦《かんなんしんく》があり、そこから這い上がって成功した経験を持っています。成功された方は一般的に独自の哲学を持っており、その発言にはとても強い力があります。発言の中から、あなたが共感し、実際のあなたの経験にも当てはまるものを、あなた自身の発言に取り込めばいいのです。

ネタ元は1冊だけでは不十分です。図書館などを利用して、20冊以上は読んで、著者たちの表現を学びましょう。

私の場合、塾講師や大学のティーチングアシスタントのアルバイトをやっていたので、教え方についての本や学習塾経営の本、大人数をまとめるためのチームビルディングの本を200冊以上読みあさり、アルバイトで活かすとともに、就職活動に活用しました。

これが、私が書類選考で1社も落とされなかった要因のひとつです。

就活本からの引用に飽きている採用担当に、これまでとは違うアプローチでの表現を見せることによって「私は他とは違う学生だよ」とアピールすることができ、あなたに興味を抱かせることができます。

ネタ元となる本はビジネス書、自己啓発書、哲学書、大学の教科書など、たくさんありますから、よほどのことがない限り、他と同じことを言ってしまうことはありません。

たくさん本を読んで彼らのノウハウや表現を学び、あなた自身に落としこんで、就職活動に活かしましょう。

エントリーシートには模範解答がある

エントリーシートには、実は、企業側が用意した模範解答があります。これに基づいた内容を書けば、書類は難なく通過できるのです。

ところで、皆さんは人事、特に採用担当の方々の仕事について考えたことがあるでしょうか？　この方たちは、人員数が圧倒的に少ないのです。少ない人員で採用に関するすべてのことを行なっています。

ここから言えるのは、**採用担当の方たちの行動に無駄なものが一切なく、洗練されている**、つまり、この方たちの**一挙一動のすべてに意味や理由がある**ということです。

どうしてナビサイトにこの文章を掲載しているのか？　どうしてこの日に会社説明会を

開催したのか？　どうして面接は3回で終了なのか？　など、それぞれの行動に意味や理由を持っているのです。

エントリーシートについても同様です。

どうしてこの紙の大きさなのか？　どうしてこの質問をしてきたのか？　どうしてこの文字数で答えなければいけないのか？　すべてにおいて、意味や理由があるのです。基本的に、エントリーシートから振られる質問は、各社の求める人物像であるかどうかが試されていて、「何が試されているのか」「どのように回答すれば書類審査を通過するのか」は、企業研究をより深めることによって解明することができます。

わかりやすい実例を示します。

まずは、某コンサルティングファームの質問です。

これまでエネルギーを注いだことは何ですか？　それが今のあなたにどのように影響していますか？（800字）

ここから読みとれるのは、この会社は強制的にエネルギーを注がされる会社、つまりは**むちゃくちゃ忙しい会社**であるということです。

この会社に限らず、コンサル業界は総じて非常に忙しいのですが、「ウチの会社はとても忙しいけど、大丈夫？」ということを事前に聞いているのです。よって、この会社はこうしたむちゃくちゃ忙しい経験をしたことのある学生を求めている、ということがわかります。

次は、某鉄道会社です。質問はこれです。

あなたが学生時代にやり遂げたことは何ですか？（800字）

成し遂げたこと、つまりは実績を聞いたり、夢や将来の希望を聞いたりするのは、それらに最も直結した仕事である**「営業職」を求めている**のです。よって、ここで「事務職を志望しています」や「商品開発がしたいです」と書くと、落ちます。

営業とひと口に言っても、どのような営業職なのでしょうか？

この鉄道会社に限らず、どこの鉄道会社も、新しい路線を作ることは、ほぼ不可能なので、既存の路線の沿線開発を進めています。具体的には、駅ビルや駅ナカの施設の開発、キオスクやコンビニの充実、最近のトレンドとしては保育施設を作る、ということも行なっています。

よって、この鉄道会社が求めている営業とは、新しくできた駅ビルや駅ナカの商業施設にテナントとして入っていただけるお店を探す人です。言い換えれば、新規事業の開拓ができる営業の人を求めている、ということが、この会社の狙いです。

最後は、某航空会社です。質問はこれです。

あなたが考える社会人とは、どのような人物ですか？（100字）
あなた自身をオリジナルの四字熟語で表現し、自己PRしてください（150字）
当社以外の志望企業とその志望理由を記入願います（150字）

ポイントは2問目です。

オリジナルの四字熟語を作らせるという、創造力を問う質問は通常、マスコミ関係に多いのですが、これを航空会社が振ってきました。

なぜでしょうか？

空港などの航空の現場は、日々刻々、いろいろなトラブルが発生します。それもおびただしい量のトラブルです。それらに柔軟に対処し、解決していくためには、創造力が必要であると、その航空会社は判断しました。

よって、**創造力を持って、あらゆるトラブルに対応できる人材を求めている**ことがわかりますので、創造力をアピールしていくことが、この質問についての模範解答です。

文字数の違いに企業側の狙いがある

志望する企業のエントリーシートを見ると、いろいろなテーマが与えられ、それらについて回答できる文字数が、150字、300字、600字、1200字などと制限されています。

用紙の大きさの関係で制限されていると思ったら、大間違いです。実は、その文字数に企業側の深い狙いがあります。提示された文字数が多ければ多いほど、企業はそのテーマについての回答を、より深く知りたいのです。

まず、文字数によって、企業は応募者のどんな能力を見ているのかをご説明していきます。

「200字以下」は簡潔に伝えられる能力が問われている

文字数が200字以下なら、あなた自身がそのテーマについて伝えたいことを端的にきちんと述べられるのかが、試されています。長く語りたいテーマであればあるほど、長い文字数を使いたいものです。しかし、ここでは、重要なところだけを採り上げ、簡潔、かつインパクト強く伝えられる能力を持っているのかが、問われています。

「400字以下」は論理的に表現する能力が問われている

文字数が400字以下の場合には、与えられたテーマに対して、論理的に述べられるのかが、試されています。400字となれば、テーマについてある程度詳しく述べることができます。ここで重要なのは、書こうとしている内容が論理的に語られているかどうかです。単なる事実の羅列ではなく、結論に至るまでのプロセスやエピソードをわかりやすく述べられることが大事なのです。

「401字以上」のテーマでは人間性を問われている

制限文字数が401字以上のテーマは特に重要です。長い文字数であるということは、それだけ読む時間がかかるということです。ゆえに、企業側が長い時間をかけてでも、あなた自身を見極めたいテーマなのです。

ここで問われていることは、あなた自身の人間性です。

これだけの文字数があると、結論に至るまでのプロセスやエピソードを、より詳しく述べることができます。長い文字数で書かれたエピソード、つまり、あなた自身の人間性から企業は「この人はうちに貢献できる人間なのだろうか？」「この人はうちの社風に合うのだろうか？」ということを判断しています。

課されている文字数が多いほど、企業が重要視しているテーマであるということを意識して、エントリーシートの作成に取り組んでいきましょう。

Ｗｅｂエントリーの罠

いまや、紙のエントリーシートとともに、Ｗｅｂエントリーも一般的になっています。Ｗｅｂ上で作成し、送信することによって提出が完了となるというものです。

実は、ここに大きな罠が仕掛けられています。


まず、Ｗｅｂエントリーの流れを確認しましょう。

皆さんが設問に沿った回答を入力し、送信したものは、サーバーに保存されます。

サーバーには、これを動かすためのソフトウェアがあります。このソフトウェアの設定の変更は、各社それぞれ自由にできます。

つまり、どういうことか？

人事、特に採用担当の方々の一挙一動には、必ず意味があり、寸分の無駄もないと前述しました。紙ではなく、Ｗｅｂのエントリーにするにも、意味があるのです。

採用担当者がWebエントリーを導入する理由

その意味は何なのか？

エントリーシートを見る枚数を極力減らしたい。自動的に絞り込みたい、という意図があります。

このために皆さんのエントリーシートのデータが詰まったサーバーの中で行なわれていることは、機械的な選別です。サーバーを動作させるソフトの設定によって、**指定された単語が含まれているエントリーシートを自動的に落としている**のです。

どんなに質の高い文章を書きあげたとしても、受験する会社が設定した単語を使っていれば、有無を言わさずに落とされます。非情ですが、これが現実です。

では、この事実を知った皆さんは、どのような対策をすればよいのでしょうか？

Webエントリーで落とされやすい単語を知って、それを使わない文章を作成することです。

単語の設定は各社さまざまですが、多くの企業で設定される（これを使ったら自動的に落とす）単語は、次の通りです。

コミュニケーション、責任、成功、チームワーク、協調、行動、公序良俗に反する単語

私の経験からも、これらの単語が使用されたエントリーシートは、文章の内容が薄く、質の高いエントリーシートは、同様の内容を、よりリアルな別の単語で表現していると言えます。

Ｗｅｂエントリーに限らず、紙のエントリーシートでも、これらの単語を使わないようにして、確実に通過するエントリーシートを作成しましょう。

通過する自己PRの作り方

次に、自己PRを作っていきましょう。
字数の長短を問わず、自己PRの構成は次の通りです。

①結論→②結論に至るまでのプロセス・エピソード→③プロセス・エピソードによって得られた成果→④入社後に活躍している様子をイメージ

この順番で自己PRを書いていきます。

結論を最初に書くのはビジネス文書のキホン

まずは結論ですが、これが書かれていないものが、少なくありません。

社会人が書くビジネス文書の基本中の基本として、結論は最初に書きます。これに習って、自己PRも最初に結論を書きましょう。結論を最初に書かないと「結局、何が言いたいの？」と意味不明な文章となり、落ちてしまうのです。

その結論は、自己分析で明らかになった「自分の強み」から導き出すことができます。まだ自身の強みがわからない状態でしたら、2章に戻って、自分の強みを見つけていきましょう。

プロセス・エピソードを仕事に活かせるか？

結論ができましたら、それを裏付けるプロセスやエピソードを書きます。

実はここが最も重要な箇所でして、企業の方々はここを注視しています。

ここに書かれたプロセスやエピソードに再現性があって、仕事の中できちんと活かすことができ、皆さんが会社の利益に貢献できる人なのか、ということを見ているのです。よって、「私の強みをもって、貴社の利益に貢献できますよ！」ということを、論理的でかつ主体的に語ることができるようにしなければなりません。

どんな考えに基づいて行動したのか、を書く

プロセスやエピソードを書く際に重要なのは、たくさんの行動を述べないこと。行動の数々だけを述べると、「あぁ、この人は思いつきで行動する人だ」と判断されて、落ちてしまいます。重要なのは、行動の数々ではなく「**どうして、そのような行動をしたのか？**」ということです。その行動に至るまでの考え方を企業の方々は見ています。

その考え方をもって行動し、成果を出したことを述べられれば、自己ＰＲは完璧です。

さらに発展させれば、その考え方は自己ＰＲの結論（自身の強み）にもなりますし、志望動機を述べるための土台となります。そうしますと、メッセージ性の強いエントリーシートができますので、通過率は格段に上がります。

以上の方法でプロセスやエピソードができましたら、その行動の結果、どのような成果が得られたのかを述べましょう。

最後に、冒頭の結論をもって入社した後、皆さんが社内で活躍している様子をイメージできる文章を書きましょう。

自己ＰＲの合否の判断基準は「この人、本当にウチで活躍できるの？」ということですから、「私は貴社で活躍できますよ」と、ありありとイメージできる文章を加えることによって、「あぁ、この人はできる人だ」と判断され、通過するのです。

以上の流れで自己ＰＲを作成していきましょう。

自己PRでやってはいけない3つのこと

自己PRを書くときに気をつけたい3つのことをお伝えしていきます。

まず、**結論を最初に述べる**ことです。

結論を最初に書かないと、ただの「学生時代に力を入れたこと」になってしまい、自己PRとはいえない文章になってしまいます。

2つ目は**「○○力」「○○性」「○○人間」という言葉を使わない**ことです。

自己PRのNG例① 結論が最初に述べられていない

人間関係を重視したアルバイトです。私は、働く際に人がやりたがらないような仕事を進んでこなし、また、積極的に会話をすることで話しやすい雰囲気を作るようにしました。この行動は人のために動いて感謝されることが信用を生み、それが人とのコミュニケーションへつながると考えるためです。

自己PRのNG例② 「○○力」を使っている

私は献身力のある人間です。私は幼い頃から人の記憶に残る人間になるようにと育てられました。そのためには人への献身的な行動が最適であると考え、アルバイトでの細かな清掃やクレーム対応、ゼミの行事の代表になるなど人が気後れするような仕事は率先して行ない、誰に対しても感じよく接してきました。

自己PRのNG例③ 社会人として当たり前すぎる

私は「観察と応用力」が強みです。学生時代ビーチフラッグロボットを製作していた時、タイムが縮まらないという壁にぶつかりました。そこで私は原因を探すためにタイムのよいグループを観察し、得た情報を基に改善し改良することで観察したグループのタイムを越え優勝まで勝ち取ることができました。

企業の方々から多く聞いた話なのですが、こういった単語を使うと、条件反射的に落とす人がいるほど、嫌われているのです。

それはなぜか？

抽象的すぎて、オリジナリティがないからです。落とされる典型的な単語は「協調性」です。本当に協調性をアピールするのであれば、自身のエピソードをもって、自身の言葉で力強く表現することができるはずです。エピソードやプロセスを分析して、そこから自分自身を力強く述べられるようにしましょう。

3つ目は、**社会人として当たり前すぎることを書かない**ことです。社会人として当たり前すぎる内容を書くと、幼稚な人だと判断されてしまいます。

以上のことを意識して、自己PRを作成していきましょう。

通過する志望動機の作り方

志望動機を作るためには、まず、受験する企業のことを十分に知らなければなりません。それについては3章でお伝えしましたが、復習の意味で、受験する会社について、次の質問に答えてみてください。

①その会社が同業他社より優れている点はどこか?
②その会社が特に力を入れていることは何か?
③その会社が本当に欲している人物像は何か?
④その会社のビジネスモデル（お金の流れ）はどうなっているのか?

これらの質問にきちんと回答できてはじめて、通過する志望動機の基礎ができあがります。きちんと回答できるようにしましょう。

それで志望動機を作成します。志望動機は字数の長短を問わず、次のような構成で作成していきます。

①結論
②結論に至るまでのプロセス、エピソード
③企業とのマッチング（定年まで働くよ、というアピール）

志望動機作成の6ステップ

志望動機については、私が就職活動していたときから実践している「志望動機作成の6ステップ」があります。この順番で作成すれば志望動機が完成する、というものなので、ぜひ活用してみてください。

①どの会社に入社したいのですか？
②その会社の強みは何ですか？
③その会社の強みを生かして、具体的に何がやりたいのですか？
④なぜ、それをしたいのですか？　実体験やエピソードを交えて説明しましょう
⑤②～④をまとめて、あなたがやりたいことをひと言で言うと何ですか？
⑥②～⑤をまとめて、会社指定の字数に合った志望動機を作りましょう

さらに詳しくお伝えしましょう。
志望動機で問われることは「その会社への理解と敬意」「どうしてもその会社でないとダメな理由」、この2点です。

「その会社への理解と敬意」については3章で詳しく述べましたが、まとめると、次のことです。その会社がどういう理念を持っているのか、その上でどのような事業を行なっているのか。どの職種で求人があり、どんな資質を求めているのか。それに対してあなたはどんな方法で貢献できますか？　ということを聞いているわけです。

「どうしてもその会社でないとダメな理由」も非常に重要です。

2章で「あなたの大好きなこと」や、「あなた自身を語る上で重要なキーワード」が見つかったと思います。好きなことで社会の不満や問題を解決することができるなら、やりがいを持って働くことができて、結果、会社の利益につながるわけですから、会社はこのような人材を求めます。ですから、あなたの「好きなこと」や「キーワード」を志望動機に転化すればいいのです。

「好きなこと」や「キーワード」には、必ずそれにまつわる過去のエピソードがあるはずですから、これからやりたいこととこれまでにやってきたことがつながっていて、かつ、過去→現在→未来の流れで語ることができれば、採用側の納得感も高まります。

過去のエピソードを話すことは、現在から将来にかけてやりたいことの理由を説明するためです。「○○をやりたい」と言ったら、必ず「どうして？」と理由を聞かれます。このときに「大学3年生のときに……」といった感じで、過去のエピソードとの関連がはっきりしているほど、力強い理由となります。オリジナリティが増し、熱意もより伝わります。

スティーブ・ジョブズのように大きな夢を語ろうとも、それをやりたい理由を明確に説明できなければ、どれだけ素晴らしいことを言っても、信じてはもらえません。過去の経験を礎にして、未来を語ることによって、どうしてもやらなければならない理由が、あなたの熱意となり、面接官の心を動かします。

志望動機に書いてはいけないこと

ここからは、志望動機を作成するときにやってはいけないことを紹介します。

まずは、**会社の説明やお世辞だけの文章**です。これが非常に多い。私は年に3000通以上のエントリーシートを添削しますが、志望動機について、この箇所でひっかかるのは、全体の約8割です。

企業側からすると「わかっているよ！　そんなこと」と思われ、落ちてしまいます。この部分はすべて削除しましょう。

続いては、**会社説明会や会社訪問のときに会った人を出して褒めまくる内容**です。これも多い。

志望動機のNG例① 会社の説明とお世辞だけの文章

貴社は、多くのユーザーに認められた作品を持ち、音楽やライブといった事業と連携することによって映像作品の価値を多方面に広げています。それは、アニメを多くの人たちに伝えて楽しんでもらうということを実現できると考え、志望しました。

志望動機のNG例② 社員を褒めまくる文章

社員の熱意に魅力を感じました。貴社の会社説明会にてお話しくださった、実際にお客様に接していただく約５万名の営業職員の仕事を販売戦略の策定から商品提案に活用する資料の準備等一連の活動を支援することによって、営業に集中できる環境を提供したいと考えております。

あなた自身がその方と同じ仕事に就ける可能性は、絶対的に低いですし、そもそも、ひとりの方から会社のすべてを語るのは、無理があります。

自分がその会社に対して適性があると強く思いこんで、それを押しつけている文章も、結構多い。これも落ちます。

さらには、**他者依存的な内容**もＮＧです。たとえば、企業活動を通じて自分を成長させたい、といった内容です。

この内容は主体的でないことに加え、企業から「こいつ、ウチを踏み台にして、いずれは独立するつもりだな」と思われかねません。

これらのことに気をつけて、志望動機を作成していきましょう。

志望動機の NG 例③ 思いこみの激しい文章

貴社の人間関係が良いという社風に惹かれ、求める人材が私そのものであると確信したからです。人や自然を配慮する素晴らしい貴社に入社できれば、強いやりがいを持ち、仕事ができると確信しています。

志望動機の NG 例④ 他者依存的な文章

私は自分の力を試したい、仕事を通して自分の価値を高めたいと考えています。私は子供に水泳を教えていましたが、これは自分の教え方、時間の使い方など自分の実力が試されました。その中で御社は実力でキャリアアップができると聞き、志望しました。

エントリーシートと履歴書、作成するときの注意点

エントリーシートや履歴書（以下書類）についての注意事項をお伝えします。

まず、志望する企業のエントリーシートは1日でも早く入手しましょう。早く入手すれば、それだけ入念に作成することができますし、早く提出することができる、というのも大事なポイントです。

基本的に、書類は1日でも早く（遅くとも締切3日前まで）提出しましょう。実は、**早**

く提出するほど、書類の通過率は上がるのです。

超人気企業で、こういったことがありました。

書類の受付開始から締切の3日前までは、それほど多くの数の書類が届かず、人事の方たちは、一つひとつの書類に丁寧に目を通してきました。

ところが、締切3日前から、事態は急変します。

約8畳の会議室が天井まで埋まってしまうほどのおびただしい量の書類が来てしまったのです。完全にオーバーフロー状態となった人事の方たちは、ここで何をしたか？

なんと、**締切3日前以降に届いた書類をすべて、バッサリと落としました**。

非情ですが、これは仕方がありません。

本当にその企業を志望しているのなら、早いうちに書類を入手し、余裕を持って提出をすべきという教訓です。

このような現実があるため、遅くとも締切の3日前までには書類が企業に届いている状態にしましょう。

次は、当たり前といえば当たり前のことですが、念のために注意しますと、書類を入手したら、十数枚、コピーを取っておきましょう。書類はすべて、修正液の使用不可ですから、本番でのミスを防ぐために、下書き（練習）用として、コピーを取っておくのです。コピーを取ったら、設問をしっかり読みます。

それぞれの設問から、企業は皆さんの何を知りたいのか？　それについて、自分はどのように回答すればいいのか、戦略を立てるのです。

強いのは「一貫性のある書類」

戦略を立てる際にやってしまいがちな間違いは、何でも盛り込もうとすることです。自己ＰＲではアルバイトのこと、志望動機ではサークルのこと、別の質問では学業のこと、と「いろいろよいところがあるのですよ」と言わんばかりの〝盛り込みすぎ書類〟が非常に多く見受けられます。

これでは話がいろいろなところに飛びすぎて「結局、何が言いたいの？」となってしまいます。

そもそも、書類の大きさは、思っているより結構小さいので、書ける内容は自ずと限られてしまいます。

さらには、書く内容の深さも求められますので、採り上げる内容はひとつだけで十分です。ひとつの内容、たとえば「サークル」なら、設問に合わせて見方を変えて表現を変えれば、ＯＫなのです。これによって書類に一貫性が生まれます。

一貫性のある書類は、とても強いです。どの会社でも、書類選考は通過するでしょう。実は、**書類は全体でひとつの作品**なのです。何かしらの一貫性をもって、細部を語るものなのです。これに適った書類を作成していきましょう。

第三者の添削で気づく〝タメ口表現〟

書類に一貫性を持たせるには、自己分析を重ねるだけでなく、**第三者からの添削**を受けると効果的です。

書類が通過しない人の多くは、添削を受けたことがありません。自分だけでなく、第三者も満足するような内容でないと、通過する書類にはなりませんから、就職活動に詳しい方からの添削を積極的に受けて、どんどん改善していきましょう。

添削を受けてはじめて気づく、最も重要なことは、**タメ口をきいた表現**です。

意外に多い、ネガティブ表現

壁を乗り越えたことから得た達成感を自信につなげ、新たな困難なことにも諦めず立ち向かう粘り強さも得ました。ですが留学から帰ってきた今、相手に自分の素直な気持ちをどこまで伝えればいいのか悩む時があります。この弱みを克服するために、言い方やタイミングに気をつけ、自分の中で伝えたいことを整理してから伝える努力をしています。

タメ口をきいた書類は、むちゃくちゃ多い。タメ口をきいた書類は、もちろん、真っ先に落とされますが、自分の書類がタメ口をきいているとは、書いた本人は絶対に気づきません。第三者からの指摘を受けて改善していくしか、方法はないのです。

他に多いのが、ネガティブな表現です。当の本人は謙遜のつもりで書いていると思うのですが、謙遜を通り越して卑屈に映るため、結果的にネガティブに見えてしまいます。企業側の方々は、そのネガティブなところが印象に残ってしまい、「この人はダメなんだ」と思われ、落ちてしまいます。ネガティブな表現は厳禁です。

5章

「面接がうまくいかない！」を解決する芸能界直伝！内定獲得できる面接テクニック

面接は外見で決まる！

これまで行なってきた、自分自身についての考えを突き詰め、志望する会社を選ぶ作業はとても重要なことですが、実はもっと重要なことがあります。多くの就活生が適当にやりすごしていることですが、これを磨くことによって、面接官からの印象がよくなるのはもちろんのこと、あなた自身の、周りに対する影響力が自ずと強くなってきます。

それは何かと言いますと、**外見を磨くこと**です。

女性は2秒、男性は7秒で第一印象が決まると言われています。そして、よほどのことがないかぎり、第一印象を覆すには、相当長い時間がかかります。

就職活動に置き換えると、面接がそれに当たります。**たった30分くらいで可否を判断す**

るのですから、第一印象で圧倒的によいイメージを持たせることがとても大事なのです。

にもかかわらず、就活生のほとんどは、自己PRや志望動機の内容を磨き上げることだけに注力をして、外見を磨くことがおろそかになっています。

これは非常にもったいないことです。

ここで言う外見とは、顔の造作や体格など、生まれ持った要素ではなく、身だしなみ、表情、姿勢などを指します。これらはちょっとしたトレーニングによって見違えるほど素晴らしい変化が表れる部分です。

面接官は、学生の外見から何を想像するか？

なぜ、就活生は外見を磨かなければならないのでしょうか？

それは、いくら面接で素晴らしいことを言っても、姿勢がだらしなかったり、スーツがヨレヨレだったり、靴が汚れていたりしていると、立派な発言の内容と外見が一致していないことに面接官は「本当にそうなのか？」と疑問を持ってしまいます。

さらには、面接官のチェックシートにも「靴が汚れていた」などのチェックが入ります。

靴がちょっと汚れていたこと自体は、面接に落ちる直接的な要因とはなりません。しかし、これが2回以上続くと、「この人は身だしなみを気にしない人だ」と判断され、落とされてしまいます。これは、非常にもったいないことです。

「社会人のマナーとしての身だしなみ」が求められる

面接官は学生であるあなたをひとりの社会人と見なしています。よって、カッコよくて派手なものは要求しませんが、社会人のマナーとして、身だしなみをきちんとわきまえている学生を会社側は採用します。

あなた自身が面接官として学生を見たとしたら、いかがでしょうか？　片方は外見がきれいさっぱりで、よい印象を与えていました。もう片方は、シワだらけのサイズが合っていないヨレヨレのスーツで、沈みこんだ表情で全体的に陰気な印象を与えていました。皆さんは、この2人のどちらを次の選考に進めるでしょうか？

おそらく前者だと思います。

これまで1万3000人以上の就活生と接し、たくさんの就職説明会に参加してきて、特に感じたことは、「ほとんど全員、外見をまったく意識していない」ということです。

スーツのサイズが微妙に合っていない。靴が汚れている。類人猿のような歩き方をしている。顔に明るさや精悍さが感じられない――など、挙げればキリがありません。

外見を磨きたいなら、芸能界に学べ！

しかし、これらを改善する方法はあります。効果的なのは、外見を重要視している業界に学ぶことです。具体的には、芸能界にヒントを得て、学ぶのです。

テレビを見ていて「芸能人って、なんだか自分たちとは違う特別なオーラを放っているなぁ」と思ったことはありませんか？　芸能人の方々は、不特定多数の人に見られることが仕事なので、常日頃、外見を磨くトレーニングを行なっています。芸能人は、世間一般の人と外見を磨くことに対する意識がまったく違うわけです。

これに気づいた就活中だった私は、友人のコネを使って芸能事務所の養成所に行きました。トレーニングを受け、実践したこともあり、立て続けに10社から内定を獲得しました。

ここで学んだ内容をもとに、内定を得るための外見の磨き方をお伝えしていきます。

リクルートスーツについて

第一印象を素晴らしく決めるために、スーツはとにかく重要です。前述したように、第一印象は2~7秒で決まります。この第一印象を決定する要因のひとつが、あなたの着ているスーツです。スーツの選び方や着こなし方が、採用担当者に対して圧倒的な好印象を与え、面接の結果にも大きく影響します。少しの作業で改善できる課題ですから、すぐに解決しましょう。

まず、スーツを購入するところからはじまります。

私は「つるし」より「あつらえ」を絶対的に薦めています。つまり、量販店で買うのではなく、オーダースーツを選ぶべき、ということです。

なぜ、量販店のスーツではダメなのか

量販店で販売されているスーツは、サイズで分けると、およそ10～30種類あります。しかし、100人いれば100人がまったく違う100通りの体形のはずです。よって、30種類弱から、あなたの体形に合うものを選ぶことは困難なのです。

さらに、量販店では上下のセットで販売されています。仮にジャケットのサイズが合ったとしても、スラックスのサイズが合っていなければ、意味がありません。その逆、スラックスのサイズが合って、ジャケットが合わない場合も同様です。

仮にぴったり合っていると思っていても、店員さんに調子よく乗せられている可能性が高いと言わざるを得ません。

スーツとはいわば、社会人のユニフォームです。これから社会人として働くというのに、ユニフォームが身体に合っていないと、採用する側から「借り物なのかな？（スーツも自分で用意できないのか）」「野暮ったいなぁ（社会人としての意識ができていないなぁ）」、そして「あの学生は働く気があるのだろうか？」と思われてしまうのです。

量販店とオーダーの違い

量販店

①自分の体形に合うものを選べない

②スーツをたくさん売ることにフォーカスしている

一定数を売らなければならないので、「店にあるものの中から売る」という意識になりがち。

③スーツ以外の小物(シャツや靴)についてアドバイスできるケースが少ない

こちらが質問しても、店員さんがしっかりとした全般的な知識を持っておらず、確実に答えてくれることがあまりない。

オーダースーツ店

①何十ヶ所も採寸するため、上下ともに確実に体形に合ったスーツができ上がる

体形に合ったスーツを着ることで、野暮ったさがなくなり、洗練された社会人の雰囲気が生まれる。生地の種類が豊富なため、量販店でありがちな「気に入ったデザインなのに、サイズが合わないので諦めた」ということがなくなる。

②就職活動におけるスーツの知識をたくさん持っている

「どのようなシチュエーションで着るのか」を詳しく聞いた上で、それに合う提案をしてくれる。就活に関する知識が豊富で、各業界の雰囲気や、そこで求められるファッションスタイルを熟知（この知識量がオーダースーツ屋さんの生命線)。「○○業界を志望しているなら、この色ですね」と、提案してくれる。

③小物のコーディネートをしてくれる

シャツやネクタイ、靴などのアドバイスをもらえるほか、面接前に「ちょっと見てもらえますか」と、スーツの着こなしチェックもしてくれる。1対1でお客様に向き合っているためにできること。

よいオーダースーツ店の見分け方

❶採寸する人が若く、３年以上の経験を持っている

採寸する人はその人自身の年齢を基準として考え、スーツを作ろうとします。よって、中年のおじさんが採寸してできたスーツは、どうしてもおじさんっぽくなってしまいます。若く、かつ経験がある人なら、年齢が近いために年相応のスーツができ上がります。

❷リクルートスーツに関する実績を聞く

オーダースーツ屋さんの中には、客層を徹底的に絞っているために、就活生をターゲットにしていないところがいくつかあります。さらには、稼げるということで、とってつけたように「リクルートスーツはじめました」と言っているところもあります。面接で選ばれてかつ入社後も着られるような長くつき合うスーツを作ってもらうためには、これらを避けなければなりません。学生側ができる対策としては、きちんと過去の実績を聞くこと。過去に何着のリクルートスーツを作ったのか、会社側の採用担当者とどれくらいの時間の対話を重ねたのか、といったことを詳しく聞く。

高価なスーツは悪印象

なお、就職活動だからと意気込んで、高価でオシャレなスーツを着る学生が稀にいますが、私は薦めていません。

面接官も会社員ですので、高いスーツを着ていることは、あまりありません。ここに高価なスーツを着ていくと、面接官は生地の違いを見抜きます。周りと明らかに違うスーツを着ているということで、「協調性がない」と判断され、結果的に落とされてしまいます。

そもそも、学生は往々にしてお金を持っていませんので、高い金額を出すことができないでしょう。高くても税込み5万円までが、妥当な価格です。

業界ごとで求められるスーツがあると言われていますが、これはまやかしです。本当に求められているのは、過度の派手さではなく、体型に合うスーツを着て「似合っている感」を出すことによって、「こいつできる社員になりそうだな」と思わせることです。

よって、男性の場合、ネクタイの色や柄も絞られてきます。派手さよりも堅実さが重視されますので、それに合ったものにしていきましょう。よほど迷ったら、志望する企業の社員をよく見て、同じようなデザインのネクタイを使用すればＯＫです。

日々のメンテナンスが合否を分ける

スーツの選択とともに重要なのが、日々のお手入れです。

選考を終えて部屋に帰ったら、スーツはスチーマーをあてて、シワを伸ばします。スラックスにはアイロンまたはプレッサーをかけて、シワを伸ばすのと同時に折り目をはっきりさせます。クツは汚れを落とし、クリームを使って磨き直して、輝きを再生させ、シューフィッターを中に入れて保存します。

私が就職活動をしていたときから、このメンテナンス作業をやっていない学生が圧倒的に多い。メンテナンスをしないでいると、シワだらけのスーツと汚れている靴とで、面接官の印象が格段に悪くなります。これで落ちることはありませんが、同じ会社で2回続くと、「清潔感が欠落している」と判断されて選考から落とされます。ちょっとした作業で選考から落とされることを防ぐことができるのですから、きちんと実行しましょう。

芸能界直伝！内定獲得7つのアクションテクニック

ここからは、芸能界直伝の「自身の体を使って、強い印象を与えるテクニック」をお伝えします。

「外見なら私も磨いているよ！」と思っている方は少なくないでしょう。特に女性はメイクにもファッションにもお金をかけて、自身の外見を磨いています。しかし、芸能人のようなオーラにはなっていません。これはなぜでしょうか？

それは、磨き方自体が、まったく違うからです。

特に女性にとって、メイクもファッションもたしかに大切です。しかし、芸能人が最も大切にしているのは、そこではないのです。芸能人が最も力をいれて磨いているのは、自分自身の顔の表情、身体や声の使い方なのです。

これを磨く方法（以下、アクションテクニックと称します）を、以下でお伝えします。

お伝えするアクションテクニックは、全部で7つ。

①立つ　②歩く　③笑顔　④声　⑤お辞儀　⑥座る　⑦聞く

どの動作も日常で多く使っていますね。ごく日常的な動作だからこそ、自覚的になれる人は多くありません。だからこそ、この日常的な7つの動作にちょっとだけポイントを加えて意識的にふるまうことで、あなたの外見はガラリと変わり、多くの人に大きく差をつけることができるのです。

日頃使わない顔や身体、声の筋肉を使いますので、最初は少しぎこちないかもしれませんが、何度も繰り返すことによって、身体が覚えます。すると、自然にアクションテクニックができるようになり、就職活動はもちろんのこと、日常でたくさんの注目を浴びることと請け合いです。

アクションテクニック①
立つ

ただ立っているだけで、「なんかすごいな」と圧倒的な存在感を感じさせる方がいないでしょうか？　実は、テクニックによって、誰でもそんな印象を残すことができるのです。その場に何百人いたとしても、あなたがただ立っているだけで、まるであなたにだけスポットライトが当たっているかのように、あなたは誰よりも目立つ存在になっています。

ポイントのひとつは、つま先を外に向けること。よく、マナー教室では、つま先を揃えて立つよう教えていますが、「印象を与える」という点では、つま先は外側に開いたほうが効果的です。

反例として、つま先を内側に向け、内股で立つと、なんだかだらしない感じ、情けない感じがしませんか？　信号待ちでふと立ち止まったときや、ホームで電車を待っているときなど、立つことを意識していないとやってしまいがちなので、注意してください。

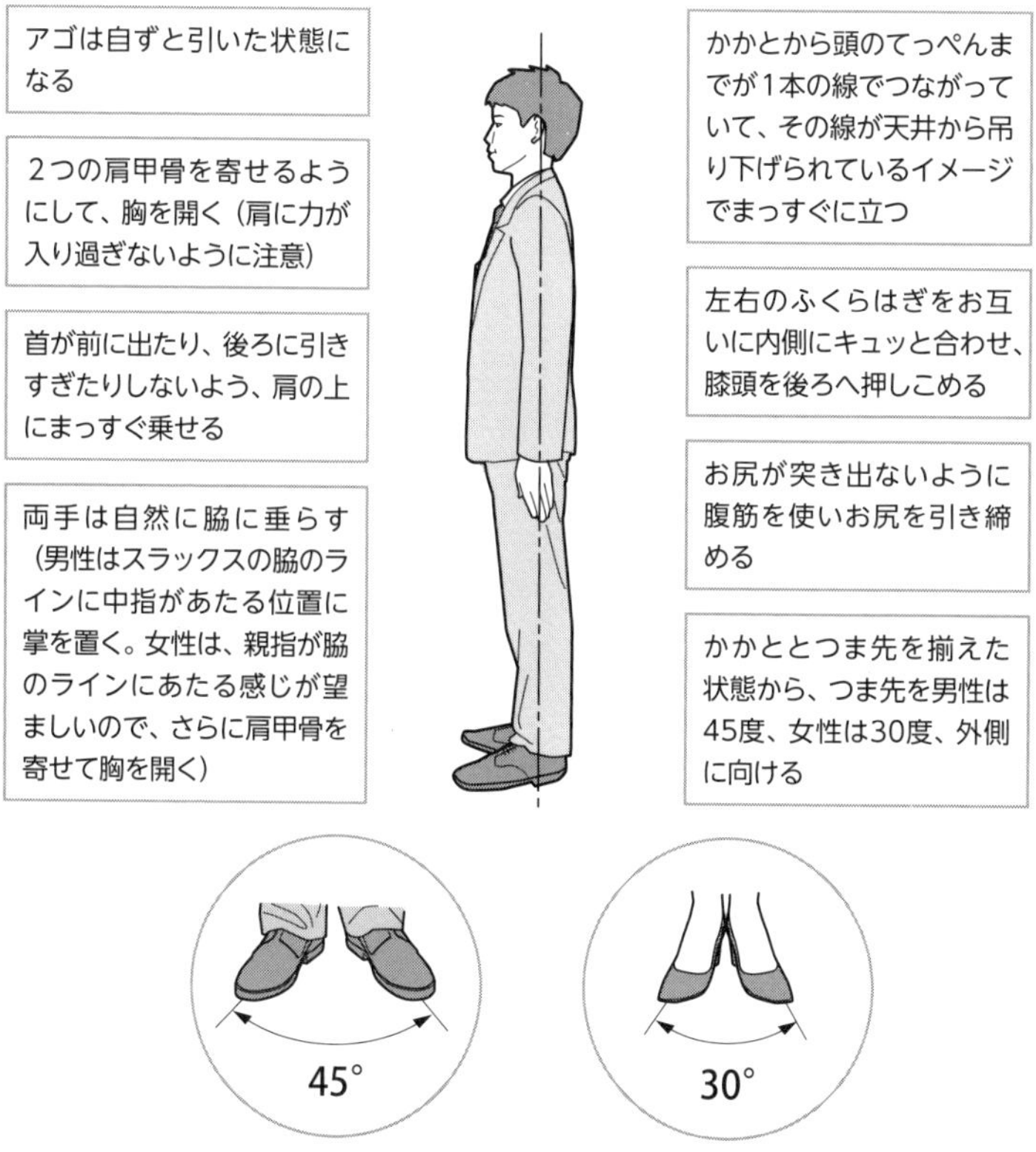
アゴは自ずと引いた状態になる
2つの肩甲骨を寄せるようにして、胸を開く（肩に力が入り過ぎないように注意）
首が前に出たり、後ろに引きすぎたりしないよう、肩の上にまっすぐ乗せる
両手は自然に脇に垂らす（男性はスラックスの脇のラインに中指があたる位置に掌を置く。女性は、親指が脇のラインにあたる感じが望ましいので、さらに肩甲骨を寄せて胸を開く）
かかとから頭のてっぺんまでが1本の線でつながっていて、その線が天井から吊り下げられているイメージでまっすぐに立つ
左右のふくらはぎをお互いに内側にキュッと合わせ、膝頭を後ろへ押しこめる
お尻が突き出ないように腹筋を使いお尻を引き締める
かかととつま先を揃えた状態から、つま先を男性は45度、女性は30度、外側に向ける
45°
30°

最後に鏡を使って、身体のバランスが左右どちらかに傾いていないか、前後に傾いていないかをチェック。誰かにチェックしてもらうのも効果的。

壁にかかと、腰、背中、頭をつけて立った状態が床からまっすぐ立っているバランスですので、壁を使ってバランスをチェックしてみましょう。

アクションテクニック②

歩く

「歩く」ことも、非常に大事な要素です。

ちょっとイメージしてみましょう。面接を行なう部屋において、ドアから椅子まで移動する際、まずは、うつむいた姿勢で小股にゆっくり歩いている人。続いて、先ほどの「立つ」のテクニックを使って、大きめの歩幅で少し速く歩いている人。どちらのほうがよい印象で、「採用されるだろうな」と思われるでしょうか？

後者のほうですよね。このことからも、「歩く」ことが、とても重要なことだと認識できると思います。

ポイントのひとつは、前に出す足を曲げないこと。曲げた足で歩くと、靴を引きずっている歩き方となり、靴底の減り方も激しくなるのと同時に、相手側の印象がよくありません。このために、前に出す足を伸ばし、体を少し前のめりの体勢にして、地面につけます。

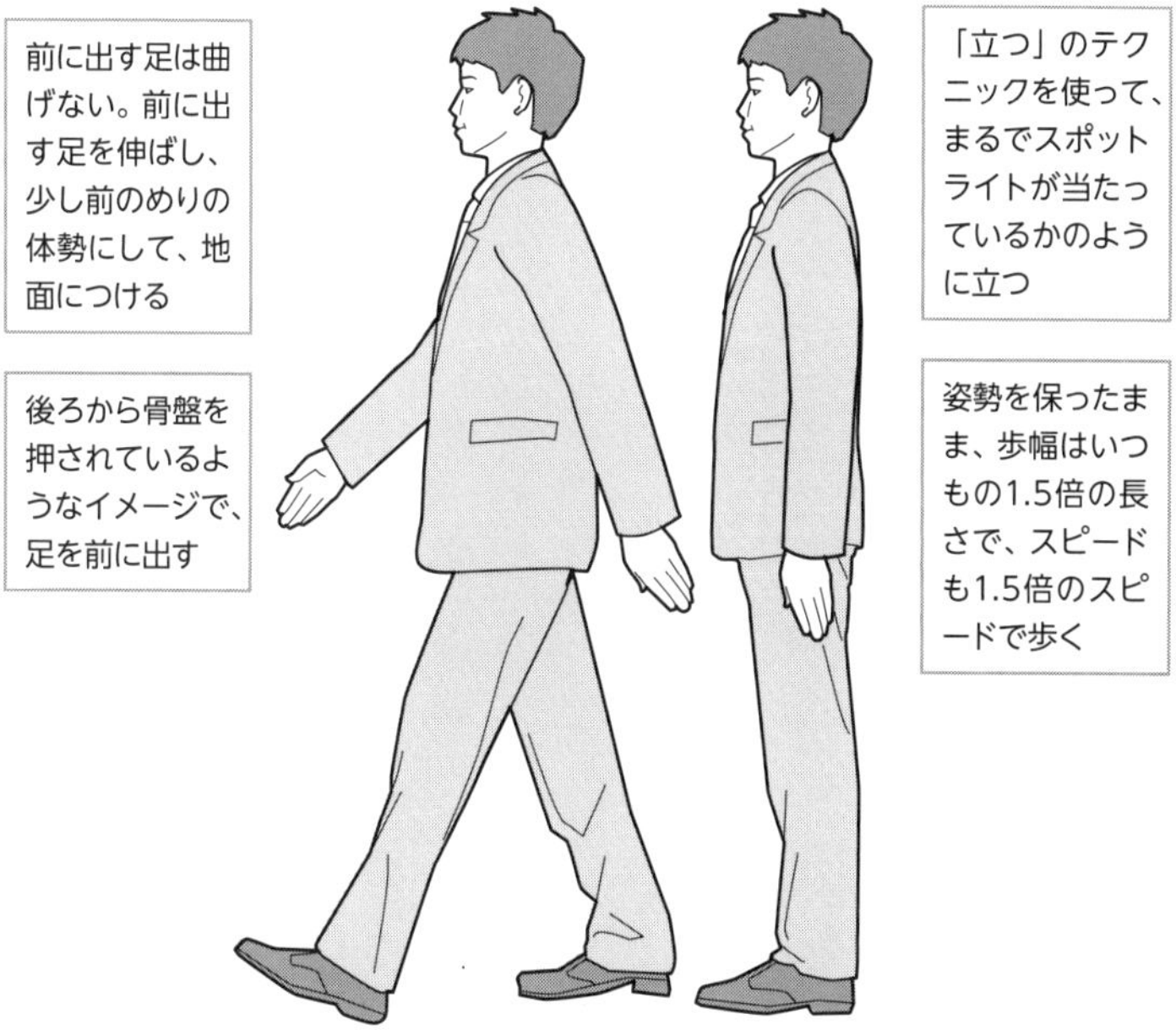
前に出す足は曲げない。前に出す足を伸ばし、少し前のめりの体勢にして、地面につける
後ろから骨盤を押されているようなイメージで、足を前に出す
「立つ」のテクニックを使って、まるでスポットライトが当たっているかのように立つ
姿勢を保ったまま、歩幅はいつもの1.5倍の長さで、スピードも1.5倍のスピードで歩く

この歩き方が自然にできるコツは、骨盤を意識すること。骨盤（股関節）を起点にして、ひざから下をあまり使わないことです。お尻を使い、ひざ周辺の筋肉はほとんど使いません。このため、太ももの筋肉への刺激が少なく、太くなりにくいというメリットもあります。

「目的地をずっと見ていること」もポイントです。目的地に向かって延びている１本の直線があることをイメージして、その直線の上に足の裏を乗せて歩きます。

アクションテクニック③

笑顔

現在の就活生で特に多いのは、喜怒哀楽を示さない、表情が乏しい就活生です。

面接官の方がいくら話しても、何の表情も示さないため、「話をきちんと聞いていないな」と思われて、結果として落ちてしまう、これが非常に多い。

解決法のひとつは、笑顔を練習しておくことです。笑顔トレーニングを行なうことで、磨かれた笑顔を自然に作っていきましょう。

私がお薦めするのは、口角を30センチくらい上げるような感覚（実際は3ミリくらい）で、目尻が下がり、頬をクシャクシャにしてしまうほどの笑顔「ダイヤモンドスマイル」です。世間では「満面の笑み」と言いますが、これをさらに超越した最高の笑顔です。

顔の表情筋を柔らかくするストレッチを行なって、企業を訪問したときに、面接官だけでなく、相手方の社員の方からの対応に笑顔で応えられるようにしておきましょう。

顔のパーツを、真ん中にグ～ッと集めて、パッと開く
鼻に意識を向けて、目、眉、額、口、頬、すべてを鼻に集めるイメージで、顔全体をつぼめる。開くときは、顔のサイズが一回りも二回りも大きくなるイメージですべてのパーツを鼻から離す。これを5回繰り返す

目を閉じて開く
閉じるときは、全力でギューッとまぶたに力を入れ、まぶたの筋肉を感じ取る。開くときは、目玉が飛び出しそうになるほど思いっきり開く。これを5回繰り返す

口をつぼめて開く
つぼめるときは、唇の筋肉を感じながら、ギュッと力を入れてつぼめる。開けるときは、アゴがはずれるくらい、大きく口を開ける。これを5回ゆっくり行なう

3つの動作をすべて、鏡を見ながら、自分の顔の筋肉が動いていることを確認しながらストレッチをします。ストレッチのポイントは、表情筋（目の下の筋肉）の存在を意識することと、筋肉痛になるくらい強く大きく動かすこと。普段の生活でここまで表情筋を意識したことはないでしょうから、最初はぎこちないものになります。しかし、毎日のストレッチによって、顔の筋力と柔軟性を同時に鍛えることができます。１週間ほどで、自然とダイヤモンドスマイルができるようになります。

アクションテクニック④

声

私たちは、言葉を通じてコミュニケーションをとっています。このとき、言っている内容よりもっと大事なことは、どんな声で話しているのか、ということです。同じ「ありがとう」という言葉でも、嬉しそうな声と、皮肉めいた声とでは、聞き手の受け取り方はまったく異なります。声を構成する要素はたくさんありますが、滑舌、大きさ、トーンの3つを強化しましょう。

超有名金融機関の人事の方から「年々、声が小さい就活生が増えている」と聞きました。声が小さいと、それだけでやる気がない、と判断されてしまいます。よって、話す内容を考える割に、声については無自覚な方が多いのは、非常にもったいないことです。

会社に入ると、大人数の前で話すことを要求される場面がたくさんあるため、大きな声で話ができる、大きな声で挨拶ができる学生を、どの企業も必ず求めています。

▶大きさ
普段の声の1.5倍の大きさで話す

声の大きさによって、相手に与えるメッセージは変化する。「私は元気だ」と小さな声で言われるのと、大きな声で言われるのとでは、後者のほうが実感を伴って伝えられる

▶トーン
いつも発しているより高いトーンで話す

高いトーンが相手の意識をわしづかみにする

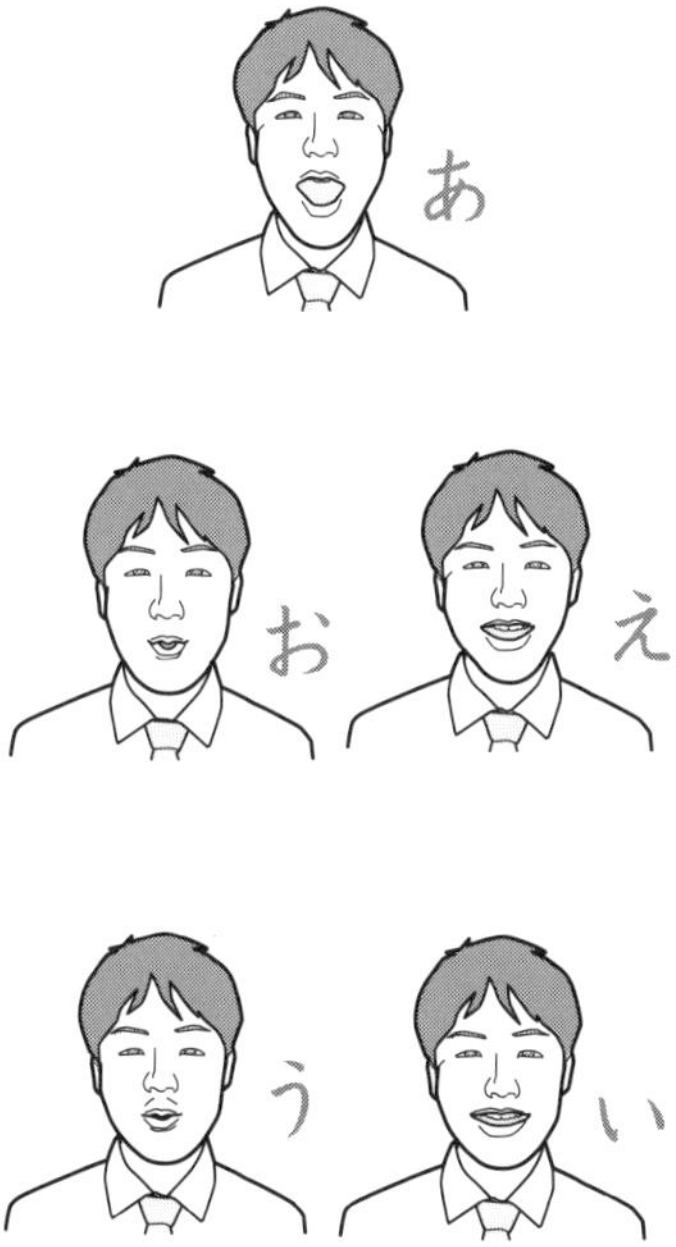

▶滑舌
大きな声で「はっきり」話す。すべての音をはっきりと発音することに意識を向ける

鏡を見ながら、口を大きく開けて「あ・え・い・う・え・お・あ・お」と母音の発音をする。発音のスピードは徐々に速くする

滑舌を意識するために、意識的にゆっくり話す

面接では、緊張のあまり、早口で話して、噛んでしまいがち。噛んでばかりいると、それだけで悪い印象を与えてしまうので、言いたいことを確実に伝えるのだ、ということを念頭に置いて、意識的にゆっくり話す

発音、大きさ、トーン、３つの要素それぞれのポイントを挙げました。はっきりした滑舌、いつもより 1.5 倍の大きさ、いつもより高いトーンで話してみましょう。

もちろん、誰にでも「地声」というのがありますから、いきなりこの声を発するのは少し辛いでしょうが、練習を繰り返すことによって、必要な場面では自然とできるようになります。

アクションテクニック⑤

お辞儀

お辞儀は、相手に最大限の敬意を示す動作として、とても重要です。

きちんとしたお辞儀ができる人は、それだけで「礼儀の正しい人。優秀な人」という印象を与えることができます。逆に、杜撰《ずさん》なお辞儀しかできない人は、それだけで印象を相当悪くさせます。

お辞儀も日常生活で無意識のうちに体が動く動作です。このお辞儀も、意識した動作をすることによって、意図的に相手を惹きつけるアクションになります。

相手に圧倒的な印象を与えることを意識しますと、お辞儀の角度は90度、直角です。

上体の下ろし方、頭を下げてから起き上がるまでのスピードがポイントです。

「立つ」アクションの状態で立った状態から、90度に下ろしたとき、背中のラインを丸めない。お尻の尾骨から頭の脳天までのラインは直線。首と背筋をまっすぐ伸ばしたまま、腹筋と背筋を使って上半身を支える
「よろしくお願いいたします」と言葉を言った後に、身体を倒す
90度に下ろしたとき、お尻を少し突き出すように意識すると優雅なラインが出る
1拍で頭を下ろし、3拍静止して、2拍で起き上がる

90 度という衝撃の角度は、最初は抵抗があるかもしれません。身体が硬い方は、足や背中が痛いかもしれません。でも、すべては訓練です。やがて身についていきますので、お辞儀は常に 90 度。これを意識してください。

一般的に、マナー講座などでは 45 度のお辞儀が推奨されていますが、相手に圧倒的な印象を与えることを念頭に置くと、90 度のお辞儀です。これを徹底して実践していくと、お辞儀ひとつで他とは違う圧倒的な印象を残すことができます。

アクションテクニック⑥

座る

次は、座る動作です。

椅子に座っているときは、立っているときに比べて自然とリラックスして、背もたれに寄りかかって足を広げてしまう、猫背になってしまう、となりがちです。

座っているときも、圧倒的な好印象を与えることができる時間ですから、理想の座り方を身につけましょう。

特に女性に注意していただきたいのは、足をぴったり閉じること。足を少しでも広げると、その時点でNGです。気が緩むと、つい、足が広がるものですが、それだけでものすごく品のない人に見られ、企業側からの印象が、ものすごく悪いものになってしまいます。よって、特に女性は「両足は終始くっつけたまま」を肝に銘じてください。

背もたれに寄りかからない

寄りかかると体の位置が後ろになって、気持ちが離れているような印象、横柄な印象を与えてしまう。椅子の真ん中のあまり深くないところに座る

座る直前の立ち位置は、椅子の横

面接官から見て右側、椅子の背後から歩いてくる皆さんから見て左側。椅子から遠いほう、左足を椅子の前に置く。股を開くのではなく、足をクロスさせるのがポイント。さきほど動かさなかったほうの足である右足を椅子の前に置き、右足のふくらはぎで椅子の位置を確認する

足は椅子より前にまっすぐ下ろす

椅子の後ろに下ろすと、足が短く、かつ、幼稚に見える。足を椅子より前に出すことによって、足が長く見え、大人っぽく見える

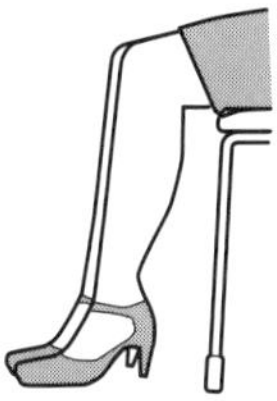

OK

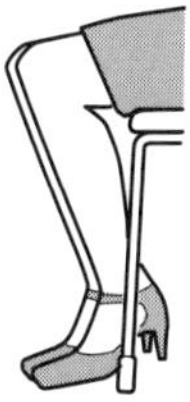

NG

「立つ」の姿勢のまま、腰を下ろして座る

女性の場合、絶対に足をくっつけた状態をキープする。男性の場合は、握りこぶしひとつ分、両膝を開けてもＯＫ

座っているときは、正面、左右、後方に４台のカメラがあなたを映していることをイメージして「絵になる人」を演じましょう。

アクションテクニック⑦

聴く

聴く姿勢もとても大事です。相手が熱心に話していても、こちらの反応が悪いと「こいつ、本当に聴いているのか」と疑心を持ってしまいます。「ちゃんとあなたの言うことを聴いていますよ」と全身でアピールすることによって、ますますよい方向にコミュニケーションができてしまうのです。

カウンセリング業界に「傾聴」という言葉があります。全神経を相手に傾けて相手の立場に立って、相手の気持ちに共感しながら聴く、というものです。この聴き方が理想像ですが、私が提案しているのは「傾聴している姿をアピールしましょう」ということです。

傾聴している姿をアピールする一番の方法は、ひと言で言えば、話している人のほうに身体を向け、目を見ながら、うなずくことです。

実際に動かすのは首から上であっても、上半身すべてが全部動くくらいのイメージでうなずく

話している人のほうに身体を向け、目を見ながら、うなずく

相手に伝えることが何よりも大事なので、たくさんうなずきましょう。このとき「はい」「わかりました」などのあいづちを入れることも大事です。

以上が7つのアクションテクニックです。

いきなりこの7つをマスターするのは、とても難しいことに感じられるかもしれません。しかし、大丈夫です。一つひとつのアクションテクニックを意識的に行ない、日々練習することによって、確実にできるようになります。

これらのアクションが、面接の場で自然にできるようになると、面接での通過率は格段に上がります。

就活中だったかつての私も、面接で話す内容はまったく変えずにこれらのアクションを実践することによって、内定ゼロの状態から立て続けに10社から内定を獲得することができました。これほど外見は、面接の合否に関わる重要な要素なのだと、実感しました。

現在も面接で話す内容ばかりに意識を向けて、外見がまったくできていない就活生が非常に多いのです。これは非常にもったいないことです。

なかなか内定を得ることができない就活生の落ち続けている原因のひとつが、外見です。私のところでも、これらのアクションテクニックをお伝えして、一週間以内に内定を獲得する就活生の方がたくさんおります。

これを読んでいる皆さんも、7つのアクションテクニックを練習し、実践をして、どんどん内定を獲得していきましょう。

説明会からいきなり3次面接へ進出した合説攻略法

前項の7つのアクションテクニックは、面接だけではなく、合同企業説明会でも使えるものです。実際にたくさんの内定獲得に結びついた「合説攻略法」をご説明しましょう。

まず、「笑顔」のテクニックを使って、「失礼します」または「よろしくお願いいたします」と言い、ブースにいる企業の方に挨拶します。このときの第一印象は、とても重要です。着席する際には、もちろん「座る」のテクニックを使って座ります。

企業の方の説明がはじまったら、「聴く」のテクニックを使って、全力で聴きましょう。上半身をすべて使って、うなずくのです。

実際に話す側の立場になってみるとわかるのですが、話し手の感情として、笑顔でうなずきながら聞いている人がいると、とても嬉しいものです。その人に向かって、もっといいことを話してあげよう、という気持ちになるのです。その気持ちを皆さんの側から起こすことができれば、この説明会はあなたの勝ちです。

企業からの話の最後には、必ず質疑応答の時間があります。ここで必ず、質問をしましょう。自分の名前を名乗って、質問をすることによって、「真剣に話を聴いてくれた人は○○大学の△△さんだ」と企業の方の印象に残ります。

説明が終わったら、「本日は有益な説明をしていただき、誠にありがとうございました」とお礼を言い、**名刺をいただきましょう**。これはとても重要です。名刺をいただいたら、その日のうちにお礼のメールを送ります。すると、大体、企業の方が返信を送っていただけます。そうしたらまた、皆さんのほうから返信をしましょう。そのような感じでメールで文通をするのです。その結果、特別に**あなたのためだけに面接を行なっていただける場合**があったりします。そこで7つのアクションテクニックを駆使して面接を突破し、あっさりと内定を獲得するのです。

選考ナシでいきなり3次面接という抜け道

ある就活生は、メールで文通を重ねて、ある日、企業から「明後日に面接があるので来てください」と呼び出しがかかりました。選考をきちんと受けていないまま、突然の面接の招待にとまどいながらも、その企業に行き、滞りなく面接を終えました。

後に調べると、その面接は3次面接だったのです。

この方は合同企業説明会の際に、アクションテクニックを使って、企業側に圧倒的な好印象を与えることができたため、いきなり3次面接に進出することができました。結果、その企業から内定を獲得することもできました。

この他にも、筆記試験をパスして、いきなり1次面接に進出した、という事例もたくさんあります。これも、合同企業説明会によって、圧倒的な好印象を与えることができたためだと言えます。

皆さんも、どんどん実践していきましょう。

航空会社のリストラに学ぶグループ面接攻略法

グループ面接は、何のために行なわれるのか?

それは、皆さんの協調性を見ているのです。これを示す格好の例が、アメリカの中堅航空会社でありました。

約30年前、この航空会社はやむを得ず、リストラをしなければならなくなりました。

会社はまず、リストラ対象者を全員、大きな会場に一斉に集めました。そして、対象者は一人ひとり壇上に上がり、スピーチを行ないました。そこから、リストラをする人としない人を決定し、断行しました。

その結果、その航空会社は見違えるほど圧倒的な躍進を遂げました。それは「奇跡」と呼ばれるほどでした。

航空会社は何を基準にリストラしたのか？

さて、その航空会社は何の基準でリストラをする人としない人とを区別したのでしょうか？

実は、壇上に上がってのスピーチはまったく関係ありません。リストラの基準は、スピーチをしていないときの態度にあったのです。

話している人のほうに身体を向けてうなずきながら聴いていた人は残し、話している人に身体を向けていない態度だった人は全員クビを切ったのです。

これはグループ面接の攻略法にもつながります。

「聴き方」によって、協調性をアピールできる

話すときも重要なのですが、話していないときの態度がもっと重要なのです。

日本の企業は特に協調性を大事にしていますので、グループ面接の中で協調性の有無がテストされています。

ここで、「私は協調性がありますよ」とアピールするには、どうすればいいのか？

さきほどの航空会社の例に倣い、話している人のほうに少し身体を向けて、一緒にうなずくのです。これをすることによって、協調性のアピールにつながります。

緊張のあまり、ずっと姿勢が固まったまま、というのは、非常に印象が悪いのです。これが最もよく現れるのが、グループ面接の場です。受験者全員で場を盛り上げようという意志を持ち、協調性を発揮できれば、グループ面接は確実に通過できます。

面接でアピールすべきことは、段階によって違う

受験する企業によって、面接を行なう回数はさまざまです。2回で内定が出るところもあれば、私の経験では13次面接まであった企業もあります。

ここで重要なのは、面接の次数によって、攻略法がまったく違う、ということです。

どうして攻略法が違うのか？

それは登場する面接官の役職（ポジション）が違うためです。面接官の役職によって視

点が違うため、攻略法が変わってくるのです。

2次から13次まである面接を平均化させると、大体4次です。4次の面接があると考えて、それぞれにおける攻略法を述べていきます。

1次面接・2次面接の攻略法

まず、1次面接。

ここでは入社2~5年目の平社員の方が面接官として登場します。

1次で見られるのは、基本的なコミュニケーション能力が備わっているのか、ということです。エントリーシートや履歴書に書いたことをきちんと話せるのか、面接官からの質問にきちんと返せるのか、ということです。

よって、自己PRや志望動機など書類で書いた内容は覚えておきましょう。

他に重要なのは、笑顔です。

どうして重要なのか?

それはコミュニケーションの基本が、笑顔であるからです。

たしかに気持ちに余裕がなく、緊張のあまり、笑顔は作りづらいかもしれません。しかし、企業からすると、笑顔を作ることができない人は真っ当な人間関係を作ることができない人だと判断されたり、それ以前に「こんな顔で仕事をする気があるのかな？」と思われたりして、皆さん自身の評価を下げてしまうのです。笑顔を自然に実践できるようにしましょう。

2次面接は、課長や部長といった管理職レベルの方が登場します。

ここでの攻略法は、エントリーシートや履歴書の内容を1次のときより深く聞いてきます。よって、実績や成果はもちろんのこと、それよりも重要なのは、それに至るまでの行動や考え方をきちんと述べられるようにすることです。面接官の方は、その考え方が自身の部署（セクション）で活用できるのかどうかを判断しています。

3次面接では「稼げる人間」であることをアピール

3次面接は、常務や専務といった役員レベルの方が登場します。

ここはかなり厳しいです。というのは、役員レベルの方々は「この人は本当に稼げる人なのか？」という視点でしか見ていません。よって、皆さんの側から「私は稼げる人です。御社の利益を上げることに大きく貢献できる人なんですよ」と、過去の実績や成果などをアピールしましょう（アピール方法については後述）。

最終面接は、とにかく「熱意」をアピール

4次（最終）面接です。ここでようやく社長が登場します。

これまでに述べた攻略法が実践できていることが大前提ですが、ここでの攻略法は、社長に向かって「御社に入れてください！」とアピールをすることです。

私は最終面接を「告白の時間」と呼んでいます。

好きな人に告白をするときは、すべての熱意を相手にぶつけるはずです。

これと同様に、皆さん自身が面接官の社長（もしくは採用に関して最も権限を持っている人）に向かって、7つのアクションテクニックを駆使して「あなたの会社に入社したいのです！」と、すべての熱意をぶつけましょう。これがしっかりできれば、確実に内定は

獲得できます。

最終面接で何度も落ちてしまう就活生の方がいますが、原因のひとつが、その熱意が社長に伝わっていないためなのです。

面接の攻略法を押さえたなら、受験する会社が何次面接まであるのかを調べましょう。調べて得られた次数と、これらの攻略法を照らし合わせて、面接の対策を練り、十分な準備をしていきましょう。

そうすれば、面接は突破でき、内定は獲得できます。

面接官が学生を判断する7つの基準

私は仕事柄、いろいろな企業の採用担当者の方に会って、どのような学生を採用したいのか、という話をしています。そして、面接チェックシートのようなものをいただくこともあります。

そこからわかるのは、各社の採用基準はさまざまとはいえ、本質的に変わらない部分があるということです。共通する基準は7つあるのですが、それらに高いレベルで適っていると、内定を獲得できるということを意味します。7つの基準とは、

実績、言葉遣い、企業文化、志望度、ストレス耐性、第一印象、論理的思考力

です。一つひとつ解説していきます。

実績

「実績」とは、学校の内外で成し遂げたもののことです。学業や、サークル、アルバイトなどのことです。人によっては、留学をしたり、NPOやボランティア活動をされたりした方もいます。

ここで重要なのは、成し遂げた内容とともに、どのような考え方を持って、どうやって成し遂げたのか、ということです。これは「論理的思考力」のところで解説します。

言葉遣い

「言葉遣い」とは、タメ口をきかないことです。こう申し上げると「そんなの当たり前じゃないか」と思われるかもしれませんが、ほとんどの就活生が、タメ口をきいています。そして、自身はそれ自体に気づいていません。

面接では目上の方と話をするわけですから、タメ口をきかず、相手に敬意を表した言葉遣いで話すようにしましょう。

特に注意したいのは、語尾と接続助詞の部分です。文の終わりに近づくほど、だんだんと声が小さくなったりしていないでしょうか？「私はぁー」「ボランティアサークルでぇー」「ですぅー」など、語尾や接続助詞の部分を伸ばしたりしていないでしょうか？これらは面接官の印象を格段に悪くしますので、特に気をつけましょう。

企業文化

「企業文化」とは、受験する企業の文化（雰囲気）に合っているかどうかです。

企業側から見て「この人はウチの雰囲気に合うのかどうか」が判断されています。

これは正直、対策の練りようがありません。「ウチの雰囲気に合っていない」と判断されてしまえば、それ以上、何も言えないのです。

できることといえば、あらかじめ企業研究を入念にしておき、皆さん自身が受験する企業の雰囲気に合うのかどうかを判断しておくことです。

志望度

「志望度」とは、志望する企業に対しての熱意です。

志望する企業について、どれだけ調べてきたのか、そこで皆さんはどのように貢献できるのか、その企業に対しての適性が十分か――これらのことをきちんと正確に答えられることが、とても重要です。

「御社が第一志望です」と、皆さんは言います。しかし、この発言を企業の方々は、まったく信用していません。これを信用してもらえる回答にするには

「第2志望は○○社で、第3志望は△△社です。□□という理由で御社が第一志望です」という感じで、同業の2社を第2、第3志望として挙げ、特にその企業に入社したい理由を述べましょう。

さらに加えると「目力」が重要です。

「目は口ほどにものを言う」とは、本当のことです。「本当に入社したい！」という気持ちを集中させると、目に現れます。そうすると、瞬きの回数が自然と少なくなるのです。カッと見開いた目が、熱意となって伝わり、志望度についての評価を上げることにつながるのです。

ストレス耐性

「ストレス耐性」とは、理不尽なことに耐えられるのか、ということです。会社に入ると、理不尽なことがとにかくたくさん発生します。「どんなことにも柔軟に対応できます」「何事もスタートさせたら、何が起きたとしても最後までやり抜きます」ということを、自己ＰＲや志望動機のエピソードからアピールしましょう。

特に自己ＰＲで語られるエピソードは、困難なことに挑戦したエピソードになることが多いと思います。その挑戦した困難に対して、いかにして粘り強く諦めずに挑んだのか、ということをアピールできれば、ＯＫです。

第一印象

第一印象とは、外見のことです。この章でこれまでに述べたことを実践できればＯＫですが、面接における基本的な動作「ドアをノックする↓ダイヤモンドスマイルで部屋に入ったら「失礼します」と言って会釈をする↓椅子の横に移動して、自分の名前を名乗る↓『どうぞ、お座りください』と薦められてから座る」がきちんとできているでしょうか？意外にも、できていない就活生が多いのです。これさえしっかりできれば、圧倒的に素晴らしい第一印象を与えることができます。

論理的思考力

最後に論理的思考力です。実はこれが最も重要です。というのも、この能力は、社会人なら誰でも求められる能力だからです。

どういう能力かといいますと、「論理的に考えて、相手に確実に伝えることができる能力」です。

就活では、基本的に面接官とは初対面のはずです。私も何百回と面接を受けてきましたが、すでに知っている人が面接官に当たったのは、一度しかありませんでした。

学生同士の会話は、言葉をほとんど発さずとも、少しの単語と雰囲気を漂わせるだけで、その人の言いたいことがわかってしまいます。日本人は世界の中で特に、非言語での会話を多く行ないます。学生同士はなおさらです。

しかし、初対面の面接官を相手にして、「私を採用して！」とアピールするためには、あらゆることを論理的に言葉にして話さなくてはなりません。「話さなくてもわかるだろう」と思っていることも、面接官にきちんと話さなくてはなりません。なぜなら、面接官はあなたのことをまったく知らないまっさらな状態だからです。「チッ、こんなことも話さなくてはいけないのかよ」と逆ギレしたくなっても、きちんと相手に言わないと、本当のあなたを伝えることができないのです。

社会人になるとわかりますが、企業生活のほとんどは、「伝えること」で成り立っています。上司に報告、お客様に説明、同僚への連絡、文書の作成、といった感じです。

そうした中で、伝達が下手だと、大きなミスを招きます。ですから、「難しいことをわかりやすく言い換えて、確実に伝えることができる能力」を持った人材を、企業は強く求めるのです。

これのアピールの方法は4章（プロセスやエピソードを説明する箇所）で解説済みですが、もう一度ご説明します。

多くの就活生は、往々にして「何かハプニングが起き、それに対処する行動をして、その結果、私は○○な人です」というアピールをしています。しかし、これだと落ちてしまいます。論理的思考が欠落して、思いつきで行動する人だと判断されてしまうからです。

ここで論理的思考力をアピールするためには、その対処する行動をどのような理由（考え）でとったのか、という説明を論理的でわかりやすくすればOKなのです。

この説明ができるようになれば、その説明は就活の万能の武器になります。自己PRや志望動機の作成のときの基礎になるのです。

自身のエピソードを深く思い出し、きちんと論理的な理由付けをして説明できるようにしましょう。

以上の7つの判断基準をきちんと準備して、面接に臨みましょう。

受かる人が実践している礼儀正しいふるまい

面接では、会社というパブリックな場所に行くのですから、少なくとも誰にも悪い印象を与えないようにしなければなりません。学生は総じて公共の場での他への配慮を必要とするシチュエーションに遭遇した経験が非常に少ないので、どうしても自己中心的となりがちです。

これをきちんとわきまえ、場に応じた行動をすることが非常に大切です。

たとえば、ある会社の面接会場において、あなたの名前が呼ばれます。「はい」と応えて、会場の扉が閉まっていれば、開ける前にノックをして確認をとります。扉を開けて、「失礼します」と会釈をし、部屋に入ってドアを閉めて、自分の名前を名乗ってお辞儀します。そして、椅子の横まで歩き、面接官が「どうぞ」と薦められてはじめて椅子に座る。

以上が、面接がはじまるまでの一般的な動作の流れですが、これができない学生が非常に多い。薦められる前にドカッと座ってしまうのです。

このほかに最低限要求されることを箇条書きで並べます。

- 清潔で整った身なりであること
- 公共物は丁寧に扱うこと
- 約束の時刻の10分前には到着していること（遅刻厳禁）
- 不測の事態が発生したら、すぐに連絡を入れること
- 自分から率先して、（特に語尾を）はっきりと挨拶をすること
- 座って待っているときに相手が来たら、立ち上がって挨拶をすること
- どのような立場の方（社長でも、掃除のおばちゃんでも）に対しても、敬語でとにかく丁寧に話すこと

・名刺やパンフレットなどをいただいたら、「ありがとうございます」とお礼を言って、両手で受け取ること
・不快な印象を与えるような表情、態度、行動を示さないこと
・名刺をいただいた相手には、その日のうちにお礼のメールを送ること

簡単なことばかりですが、できていない就活生が驚くほど多いのです。「自分はできているよ」とタカをくくることなく、しっかりと振り返ってみましょう。

面接する会社の入り口で喫煙してはいけない

就活生のふるまいに関して、私が一番ビックリしたのは、ある電機メーカーの面接試験に行ったとき、入り口の灰皿を囲んで、たくさんの学生がタバコを吸っていたことです。

建物の入り口に灰皿を設置している企業は少なくありませんが、これは「ここでタバコを吸ってもOKです」という意味ではありません。本当の意味は、歩きながらタバコを吸って建物に入ろうとしている方に対して「建物内は禁煙だから、今吸っているタバコは、

ここで捨ててね」という意味なのです。これを知らずに平気でタバコを吸っているのですから、本当にビックリしました。

会社側も把握していたようで、その次のステップで、彼らを見ることはありませんでした（ちなみに私は、その会社から内定をいただきました）。

以上のことは、ごくごく当たり前のことですが、とても重要です。にもかかわらず、多くの学生は知りませんし、もちろん、実行できません。しかし、できるのとできないのとでは、面接での評価が天と地ほどに違います。できるようになれば、少なくとも1次面接の通過率が格段に上がります。

6 章

「モチベーションが続かない！」を解決する

凹まず動き続けるためのモチベーション管理法

身体を変えて気持ちを上げる

姿勢がモチベーションを作る

内定をいただく、という結果を得るためには、絶えず行動しなければなりません。その行動を起こすためには、そのためのモチベーションを持たなければなりません。

その感情は、どこが作り出すのでしょうか？

実は、「姿勢」から作り出されるのです。

「なんでこうなっちゃったんだろう？」「なんてオレはダメなんだ」のようなネガティブな言葉を発するとき、あなたはどのような姿勢をとっていますか？

おそらくは、うなだれた猫背の姿勢でしょう。

そのときに、胸を張ったり、両手を上げて飛び跳ねたりしながら、ネガティブな言葉を言ってみてください。違和感があるはずです。

逆に「うれしい！」「楽しい！」「オレはラッキーだ！」のようなポジティブな言葉を言っているとき、あなたはどのような姿勢をとっているでしょうか？　胸を張って、笑顔を浮かべたりしていると思います。

こういうことなのです。

ネガティブな言葉を言っているときは、自ずとネガティブな姿勢になり、ネガティブな感情を持ってしまいます。そして、ポジティブな言葉を言っているときは、ポジティブな姿勢になり、ポジティブな感情になります。

ということは、ポジティブな感情を持つには、ポジティブな姿勢（外見）をすればよいのです。ポジティブなビジュアルは、ポジティブな感情を生み出し、考え方もポジティブになります。

この姿勢の力はたとえば、１０００回ため息をつくとうつ病になる、という研究報告もあるほど、すごいものです。これほど、姿勢と感情がつながっているのです。

ネガティブなスパイラルにはまっている方々をよーく見てみると、姿勢全体がネガティブなのです。このスパイラルから抜け出すにはまず、姿勢をポジティブなものに変えましょう。

どうやって変えるのか？

まずは、あなたが考えるポジティブな姿勢をやって見ましょう。目線の向き。肩や肘、背中の張り具合。腰の据える位置。足の伸ばし方。それぞれをあなたの身体で表現します。

なんだかイメージが湧かないなぁ、と感じる方は、「この人はいつもポジティブだなぁ」と思う人をひとり思い浮かべてください。それは身近にいる方でも、テレビに出ている人でも、ドラマの登場人物でもＯＫです。わかりやすいところでは、オードリーの春日俊彰さんです。その思い浮かべた人をモデルとして、徹底的にその姿勢を真似します。

そして、この姿勢を保持したまま「私は最高だ！」と何度か言いましょう。ネガティブでいっぱいだった最初の状態より、ポジティブな感情が出てきたと思います。

大切なことは、意識的にポジティブな姿勢をして、ポジティブな言葉を声に出すことにあります。心の中で思っているだけでは、意味がありません。

よって、姿勢を変えただけでネガティブな気分になったり、ポジティブな気分になったりすることが体感的にわかったと思います。

そのときの気分の違いによって、見える世界がまったく違ったものになります。ネガティブな気分のときは周りがすべて敵に見え、挙句の果ては孤独な気分に陥ります。しかし、ポジティブな気分のときは見ているものが先ほどと同じなのに、なんだかいけそうな気がしてしまいます。

ネガティブなときは余計にネガティブに、ポジティブなときはさらにポジティブになっていくのです。

ネガティブのスパイラルにハマるのはいけませんが、筆記試験や面接に落ちて凹むのは、仕方がありません。無理に「凹むな」と言いますと、とても無理があるので、当の本人は余計に疲れます。

よって私は、「10秒間だけ凹め」など、時間を限定して凹むことを提案しています。「10秒間凹む」場合には、キッチンタイマーを用意して、10秒間だけ徹底的に凹みます。これでもか、というくらいとにかく凹みます。そして10秒経ったら、「最高だ！」と言って、あなたの思う最高にポジティブな姿勢で立ち上がります。

時間を限定して徹底的に凹むことによって、凹んだ原因がどうでもよくなってしまうことと、最後にポジティブな姿勢をすることによって、凹んだ気分が晴れてしまいます。

10秒だけ凹んだら、ポジティブ
な姿勢をとる

言葉を変えて気持ちを上げる

もう凹まない！正しい自問自答のやり方

前項では、あなた自身の姿勢や意識を向ける方向や投げかける質問によって、感情をポジティブなものに変えることは容易なことだとわかりました。この考え方を応用してみましょう。

たとえば「書類選考で落ちてしまった」「通ると思った面接が落ちてしまった！」とい

ったことが就職活動の最中において、多々起こります。この事態が発生したとき、あなたはどのようなことを、真っ先に考えるでしょうか？　おそらくは「またやってしまった」「なんで落ちてしまったのだろう」と考えると思います。

ネガティブな気分に陥っているとき、「ムダに時間を使ってしまった！」と過ぎた時間に意識を向け、「なんでこうなってしまったのだろう」「なんて私はダメなんだろう」と自問してしまいます。すると、脳は質問に答えずにはいられない性質、つまりはgoogleのような性質を持っていますので、脳内googleが、あなたがダメな理由を何万件と検索します。検索結果を知ったあなたは、結果から現れた自分自身のあまりにものダメさに対して嘆き、さらに深くネガティブな気分に陥り、また「なんて私はダメなんだろう」と自問してしまいます。これを何度も繰り返してしまうので、ネガティブな気分の深みにハマって、なかなか抜け出せません。

余計にネガティブになってしまうのはこのように、意識がネガティブなほうに向いていて、さらに自分に投げかける質問がネガティブなものであるためなのです。

よって、このネガティブの深みから抜け出すためには、意識を向ける方向を変えて、自分に投げかける質問もネガティブではないものにします。

あなたの幸せな社会人生活が確実に実現することに意識を向けて、

「どうすれば、より簡単に内定を獲得できるのだろう？」

「どうすれば、面接が今よりもっとよくなるだろう?」

といった質問を自分自身にします。すると、脳内googleが猛烈に検索して、簡単に内定を獲得できる方法や、面接がもっとよくなる具体的な方法を検索結果として何万件もの回答を見つけてくれます。ここで示された回答はすべてポジティブなものですので、おのずとあなた自身がポジティブな気分になって、次への行動に一歩踏み出しやすくなります。

起こった出来事はたったひとつのことです。しかし、そのときの気分や、自分に投げかける質問によって、出来事に対する接し方や受ける感情が、大きく変わってしまうのです。よって、どんな出来事があなたの身に起きても、ポジティブな感情に変えることができるのです。

これは人生全般にも言えることです。人間は無意識のうちに1日で約5万回、自問自答しています。この質問で得られた回答によって、あなたの感情が生まれ、行動へと結びついています。よって、ネガティブな気分に陥りがちのあなたは、無意識のうちにネガティブな質問ばかりを自分自身に投げかけている、ということなのです。

これを改善するために、意識的にポジティブな姿勢をして、ポジティブな方向に意識を向け、ポジティブな質問を自分に投げかけましょう。

●ノートの左側には「事実」だけを書く

ノートの左側には、「起こった事実」だけを書き留めましょう。

ついつい、「この会社、使えない」とか「もうちょっと言いたかったなぁ」などの感想を書きたくなるものですが、再度このノートを見たときに、書いてしまった感想が、それ以降の活動に影響してしまうので、ここには感想は書きません。

内定を早く得るためにまず知るべきことは、起こった不変の「事実」です。

一方、感想は、「いやだなぁ」とネガティブに思ったことも、後になれば「いい経験をした」とポジティブに変わってしまうように、時間やそのときの気分、受け取り方によってコロコロ変わってしまうものです。コロコロ変わる感想に捉われると、就職活動の戦略に大きく「ブレ」が生じるので、事実をしっかり書き留め、再確認し、以降の就職活動の戦略を練りましょう。

●右側には「感想」や「アイデア」を書く

セミナーや説明会で話を聴いたりしているうちに「あぁ、『あれ』をやったほうがいいな」と思うことがあるでしょう。その場で思いついた「あれ」はとても重要ですから、忘れないうちに、ノートの右側に書き留めましょう。

就職活動は短期勝負ですので、スピーディーに質の高い行動をしなくてはいけません。アイデアを残しておくと、忘れることなく実行に移せるので、書き留めることは欠かせません。

就活ノートを作成すれば、自分の行動履歴を再確認できるとともに、何度も再読することによって、さらによいアイデアを思いついて、かつ、実行できてしまいます。

スムーズに次への一歩を踏み出せる「就活ノート」を作ろう

❶ ノートを用意。オススメは無印良品の「ダブルリングノートＢ５」。リングノートなのでＢ５サイズ以上の場所をとらず、手に持ちながら書けるので便利。

❷ シャープペンシルや鉛筆を使わないのが鉄則。これらを使うと、書いているうちに掌の側面やスーツの袖が汚れたり、持ち歩いているときに紙同士の摩擦で書いたものがボケてしまうため。オススメはゲルインキの黒色ボールペン。

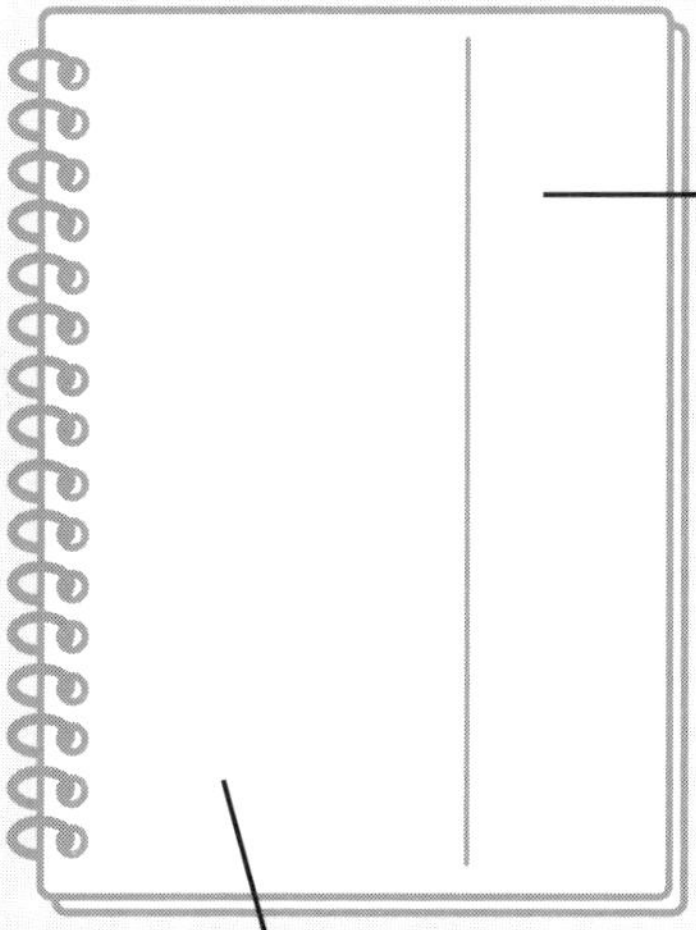

❹ 右側には、感想や思いついたアイデアを書く。「この会社はこれからエネルギーに特化しようとしているな」「こういう話は先輩の○○さんが詳しいから、後で聞こう」「次の会社の面接では○○は△△と言い換えたほうがいいな」など。行動アイデアの場合、何日に（何日までに）行動するのかも併記する。「○○さんに聞く（23日まで）」「採用担当に電話する（今すぐ）」など。

❸ ノートのすべてのページの右側3分の1にビュッと縦の直線を引く。左側の3分の2に、起こった出来事を書く。面接を受けたのなら、部屋の広さ、面接官の人数と年齢（推測でOK）、受験者の人数（集団面接の場合）、質問されたこととそれに対しての回答。

行動して、きちんと反省をして、次の行動プランを作成し、それに基づいて次の行動をとる——これを繰り返すうちに、あなた独自の「成功の方程式」ができ上がります。内定を続々と得ている学生は、こうした「成功の方程式」を確立しているのです。

「何もしない期間」を作らない

モチベーションを維持することを考えた際に、絶対にやってはいけないことのひとつは、就職活動にまつわる行動を一切しない期間がある、ということです。

実は、これをやってしまう就活生が非常に多いのです。

A社を受けて、しばらくして落ちる。凹んでいる。ほとぼりが冷めた頃にB社を受けて、しばらくして落ちる。凹んでいる。ほとぼりが冷めた頃にC社を受けて、しばらくして落ちる。凹んでいる。凹んだまま、卒業を迎えてしまった——このような就活生が非常に多いのですが、これがとてもまずい。

毎日、外に出よう

どこがまずいのか？　２点あります。

ひとつは、会社を受けて結果が出るまで、何もしていない期間があること。２つ目は、凹んでいて何もしていない期間がある、ということです。

とにかく何もしないでいると、就職活動全般についての感覚が鈍ってしまいます。これとともに、何もしない期間が長ければ長いほど、次の行動を起こすモチベーションが上がりづらいのです。１週間も続けて何もしないというのは、最悪です。よって、何もしないままでいますと、その分、内定から遠ざかってしまうのです。

よって、モチベーションを維持し、早く内定を得るためには、毎日外に出て、就職活動についての行動をしましょう。

面接や説明会の予約をして、あなたの手帳を予定で埋めましょう。合同企業説明会に参加する、キャリアセンター（就職課）に行って情報を仕入れるなど、何でもいいので、とにかくできるだけ毎日外に出て、就職活動についての何かしらの行動をしましょう。

知識があるほど凹まない

次への行動を早く起こすことが、何よりも大事なことです。

特に凹んで行動できない学生のその最たる理由のひとつは、「受ける会社の持ち駒がなくなった」ということです。これは学生自身の知っている企業の数が、圧倒的に少なすぎるために起こります。

私が関わった就活生にも、こういった方が多いのです。

たとえば、金融志望で「受けるところがなくなった！」と、半泣きで私のところに相談に来ます。ところが、よく話を聞くと、金融といっても実際に受けたのは、メガバンクと有名な地方銀行だけでした。

ここで「信用金庫や信用組合も金融ですよ。あなたの家の近くにもあるじゃないですか」とアドバイスをしますと、「あっ、そうか」と気づきます。この方の頭の中は、金融といえばメガバンクと地方銀行しかなかったのです。ここで信用金庫や信用組合をお伝えしますと、選択の幅が大きく広がり「ここを受ければいいいんだ」と、ポジティブな気分になって、容易に次の行動に移すことができます。

こういった例は、自動車業界にも当てはまります。

自動車メーカーは国内にいくつかあります。しかし、1台の自動車ができるためには、そのメーカーがすべてを請け負っているわけではありません。シートベルトは○○社、タイヤは△△社、カーエレクトロニクスは□□社といった感じで、たくさんの会社の製品が組み合わさって、1台の自動車が完成するのです。

自動車メーカーだけにとらわれずに、自動車にはたくさんの部品があって、それぞれを作っている会社を調べることによって、自動車についてのより多くの会社を知ることができます。

これらより、知識を増やすことによって、モチベーションを高めることができます。

本当に自分の意思で決めたことか振り返ってみる

実は、内定を得ていない人の大きな理由は、ここにあります。「必ず内定を獲るんだ」と、きちんと決断をしていないのです。

内定をすぐに得た人の平均的な行動と、内定を得られずに卒業してしまった人の平均的な行動を比較したことがあります。

内定を得ている人の特徴は、内定にむけて24時間体制になっていることです。勉強をしたり、就職活動の対策を練ったり、アルバイトをしたりなど、時間の使い方に無駄がありません。

しかし、内定を得ていない人の行動は、部屋でぼ～っとしている時間や友人と遊んでいる時間など、就職活動とは関係のないどうでもいい時間が一日のうちでかなりの割合を占めています。

このような行動をとってしまうのは、決断をしていないためなのです。ゆるぎない決断が一日の質を決定します。

友達が受ける企業だから、親が勧めた業界だから、就活ランキングで上位の企業だから、なんとなくよさそうだから……

こうした他人任せの選択によって、就活に取り組んではいないでしょうか？

ここで、よーく考えてみてください。

23才で入社して定年の60才まで働くとして、37年間の人生を懸ける場所を決めるのですよ。現在の新卒採用事情とも併せて考えて、中途半端な気持ちでは、内定を得ることができません。できたとしても、3年以内で退職してしまう危惧が大きく孕んでいます。37年もの長い期間、身を置くのですから、確固たる決断をしないと、満足度の高い就職活動ができません。就職活動はおそらく、あなたのこれまでの人生で最も大きなイベントだと思います。今後の人生の方向性を大きく決定するときが来たのです。これを逃げずにしっかりと受けとめましょう。しっかり受けとめて、確固たる決断することによって、内定を得ることが早期に実現することでしょう。

さらには、決断したことを土台にしていますので、どんなことが起きてもポジティブに主体的に対応することができます。

私も内定ゼロが学科唯一の存在になったとき、学科の先生や研究室の仲間はものすごく心配をしていました。しかし、私は確固たる決断をしていたため「絶対に内定は得られる」と確信していました。このため、何者から影響されない主体的な行動をとることができました。

よって、100%の決断をすることにより、主体的に行動できます。主体的な行動とは、自己責任のもとで行動できる、ということです。

どんなことにおいても「すべては自分に責任があるんだ」と考えています。よって、すべて自分に責任を持っていますので、自身の行動や自分で自由にコントロールできます。常に自分の行動に責任を持っていますので、選考に落ちたとしても大きく凹まずに「どうすれば内定が獲れるのだろう?」、「A社で落ちた書類がB社で通過したのはなぜだろう?」など、きちんと反省と更なる改善をすることができます。そして、そこから学んで次へのポジティブな行動を起こします。

自己責任の考え方を持ったほうが、精神的にかなり楽に生きられます。「すべては私の責任だ」ということは「すべては私の自由に行動ができる」ということなのです。自分で責任を持てば、自由に何でも行動ができるのです。不都合なことが起きても、他人に責任転嫁してしまいますと、その他人の悪い影響を受けてしまいます。

自己責任の人は、冷静に事態を真正面から受け入れても大きく凹まずに「何がこういう結果を生み出したのだろう？」「もっとよくするにはどうすればいいのだろう？」という質問を自分に投げかけ、その後始末や次善策を自分で主体的に自由に行動します。

内定を早く得るためにはまず、「すべての行動は私に責任がある」と宣言し、いついかなるときでも、日々の生活でこれを体現しましょう。

どんなことが起きても自分の責任なのだ、と真摯に受けとめるのです。そうすることによって、そこから改善策を導き出し、実践に移すまでのスピードが圧倒的に速くなります。そうなれば、モチベーションが落ちる暇もありません。

どんなことが起きても素早く対処して、次の行動に移すことは、社会人になっても大切なことです。よって、１００％の決断をして、自己責任のもとで就職活動を進めていきましょう。

チームプレーで乗り切る

エントリーシートを書くときも、面接を受けるときも、実際に内定を得るときも、あなた自身が行動します。個人プレーです。しかし、内定を早く得るために就職活動は、チームで行ないましょう。チームで取り組むことによって、モチベーションの低下を防ぐことができます。

私が就職活動をしていたとき、企業情報の収集や面接の練習、エントリーシートの執筆とブラッシュアップ、面接の事前対策といった就職活動についてのあらゆることを、私ひとりで行なっていました。

内定をたくさん得ている人は違います。何が違うのか？　それは、自分自身の内定獲得のためのチームを組んでいるのです。

企業の採用情報の収集に長けている人、自己分析を手伝ってくれる人、エントリーシートの文章を添削してくれる人、面接のアドバイスができる人、挫けているときに励ましてくれる人。こういった方々を自身に巻き込んでチームを結成し、実際に活動します。もちろん、あなた自身も他の誰かのチームの一員となって、その方の内定のために活動することも大事です。持ちつ持たれつの関係です。

チームで活動すると、内定を得るために最も必要なことに注力できます。これが最大の利点です。企業の情報収集に追われて、肝心の面接対策ができなかった、となると本末転倒ですよね。これをあらかじめ防ぐのです。

人は誰でも、得意なことと不得意なことがあります。不得意なことのうち、他の人に任せられるものがあれば、丸投げをしてしまうこともできるのです。さすがに、面接が苦手だからといって、面接を他人に任せることはできません。しかし、面接が得意な方（成功実績がたくさんある方）から、たくさんアドバイスを受けることはできます。そして、自分が得意なことを、それが苦手な人の代わりに行なうこともできます。お互いに能力の補完をしあって、皆で内定を得ていこう、という狙いです。そうしますと、大学の内定率向上にもつながり、あなたも大学もハッピーになります。

これは、私が188社も落ちてしまった大きな原因のひとつです。すべてを私ひとりでやっていました。と申しますか、他の人から協力を得る、という発想がまったくなかったのです。しかし、内定を得まくっていた人たちは、私を上手に利用していました。

当時の私の一番の得意分野は、企業情報の収集でした。「高田君、〇〇という会社はどうなの?」や「〇〇の分野で有名な会社ってどこ?」「〇〇社と△△社と、どっちがいい?」など、たくさん聞かれましたし、これらの質問にすべて正確に答えることができました。

まさしく私は「歩く就職四季報」でした。ここで申し上げたいのは、私はひとりで行動していながら、知らないうちに他の人の内定獲得チームに組み込まれていた、ということです。

これは落ち続けている就活生の大きな特徴のひとつでもあります。個人プレーで就職活動をしているのです。すべてをひとりで抱え込んでいるのです。

モチベーションを維持するためにも、チームで組むことがとても大事です。チームで多くの人を巻き込むことによって、励まし励まされるという関係ができますので、ひとりで寂しく大きくモチベーションを下げ、行動をしなくなることを防ぐことができます。

よって、就職活動はチームで行なうものなのです。

チームと言っても、その仲間はどこで見つければいいのでしょうか?

まず、最も身近なところとして、ゼミや研究室の同期の方です。彼らは年齢も近くて、顔を会わせる頻度が多いため、仲間として活動しやすいのです。ひとりで行動しているあなたも、一度は彼らときちんと話し合ってみましょう。

さらには、キャリアセンター（就職課）の方もチームに巻き込みましょう。

もう少し行動範囲を広げると、説明会や面接会場など、学外で仲よくなった人が挙げられるでしょう。

彼らの一番の特徴は、所属している学校が違うということです。彼らの学校に入ってきた情報が、あなたの大学には届いていない。またはその逆。こういうことが多々あります。さらには前述しましたが、違う学校に所属していますと、学風の違いから、新しい考え方を提供してくれます。あなた自身の情報の質が深まる、というわけです。

私も可能な限りは、違った学校の学生と仲よくなりなさい、と言っています。

こうしてできあがった「チームあなた」が、格段に早いスピードであなたを内定へと導きます。

おわりに

本書を最後まで読んでいただき、ありがとうございます。お読みになって、いかがだったでしょうか？　就職活動の進め方について、わからなかったところが解決し、やるべきことや、これからの活動の道筋が見えたのなら、私にとって、この上ない喜びです。

本書には、私が現在行なっている就活コンサルティングのノウハウのすべてを盛り込みました。ここに書かれていることを、諦めずに繰り返すことによって、確実に内定を得ることができます。20社以上落ちた５００名以上の就活生を、大逆転で内定獲得に導いた経験より、実証されています。

本書は、３００社以上の会社訪問をして１８８社落ちた後に、10社立て続けに内定を獲得した私の経験が基礎になっており、「１８８社も落ちるような私と同じ轍を踏ませてはいけない」と本気で思い、執筆しました。

就職活動は景気にダイレクトに影響されやすいものですが、本書を読むことによって「景気よりも心がけが大事だ」ということもおわかりいただけたかと思います。

よって、本書の内容を実践することによって、あなたの就職活動がさらに質の高いものになることを確信しています。

お読みになった後に、就職活動について何か質問や疑問、相談がありましたら、私に連絡をください。私は皆さんの就職活動を全力で応援します。

本書は、たくさんの方の協力によってでき上がりました。

出版の機会をくださった同文舘出版の古市達彦編集長、素晴らしい本に仕上げてくださった編集の竹並治子さん、本書を推薦してくださった「生協の白石さん」こと白石昌則さん、原田拓也さんをはじめとする、私が代表を務めるブリリアントウェイに協力していただいている皆さまに、心より御礼を申し上げます。

皆さま、本当にありがとうございました。

２０１３年７月

高田晃一

著者略歴

高田晃一（たかだ こういち）

就職活動コンサルタント

1977年東京都葛飾区生まれ。東京理科大学大学院工学研究科修士課程修了。新卒の就職活動において、ＳＰＩの模擬試験で約1万2,000人中2位という好成績を取り、沖縄県以外の46都道府県の300社以上の企業を訪問したにもかかわらず、連続188社に落ち、内定ゼロの状態に陥る。あるきっかけから一念発起し、就活のやり方を大きく変えた結果、立て続けに10社以上から内定を獲得する。この経験を生かし、現在は就職活動コンサルタントとして活動中。これまでに1万3,000人以上の内定獲得を支援。特に20社以上落ちた就活生500人以上を大逆転で内定獲得に導いた。

■公式ＨＰ　http://brilliantway.biz/
■公式 facebook ページ　https://www.facebook.com/188takada

188社落ちても内定とれた！

大逆転の就活攻略法

平成25年9月4日　初版発行

著　者――高田晃一

発行者――中島治久

発行所――同文舘出版株式会社

東京都千代田区神田神保町1-41　〒101-0051
電話　営業03（3294）1801　編集03（3294）1802
振替00100-8-42935　http://www.dobunkan.co.jp

ISBN978-4-495-52461-6

印刷／製本：萩原印刷

Printed in Japan 2013